Découvrez des Jeux Gratuits en Ligne

Disponible Ici :

BestActivityBooks.com/FREEGAMES

5 ASTUCES POUR DÉMARRER !

1) COMMENT RÉSOUDRE LES MOTS MÊLÉS

Les puzzles sont dans un format classique :

- Les mots sont cachés sans espaces, tirets, ...
- Orientation : Les mots peuvent être écrits en avant, en arrière, vers le haut, vers le bas ou en diagonale (ils peuvent être inversés).
- Les mots peuvent se chevaucher ou se croiser.

2) UN APPRENTISSAGE ACTIF

Un espace est prévu à côté de chaque mots pour noter la traduction. Pour favoriser un apprentissage actif un **DICTIONNAIRE** à la fin de cette édition vous permettra de vérifier et étendre vos connaissances. Cherchez et notez les traductions, trouvez-les dans le Puzzle et ajoutez-les à votre vocabulaire !

3) MARQUEZ LES MOTS

Vous pouvez inventer votre propre système de marquage. Peut-être en utilisez-vous déjà un ? Sinon, vous pourriez, par exemple, marquer les mots qui ont été difficiles à trouver d'une croix, ceux que vous avez aimés d'une étoile, les mots nouveaux d'un triangle, les mots rares d'un diamant, etc...

4) STRUCTUREZ VOTRE APPRENTISSAGE

Cette édition vous offre un **CARNET DE NOTES** très pratique à la fin du livre. En vacances ou en voyage ou à la maison, vous pouvez facilement organiser vos nouvelles connaissances sans avoir besoin d'un second bloc-notes !

5) VOUS AVEZ FINI TOUTES LES GRILLES ?

Allez à la section bonus **CHALLENGE FINAL** pour trouver un jeu gratuit à la fin de cette édition !

Simple et Rapide ! Découvrez notre collection de livres d'activités pour votre prochain moment de détente et **d'apprentissage**, à juste un clic de distance !

Trouvez votre prochain défi sur :

BestActivityBooks.com/MonProchainLivre

À vos marques, prêts... Partez !

Saviez-vous qu'il existe environ 7 000 langues différentes dans le monde ? Les mots sont précieux.

Nous aimons les langues et avons travaillé dur pour créer les livres de la plus haute qualité pour vous. Nos ingrédients ?

Une sélection des thématiques d'apprentissage adaptée, trois belles parts de divertissement, puis nous ajoutons une cuillère de mots difficiles et une pincée de mots rares. Nous les servons avec soin et un maximum de plaisir pour vous permettre de résoudre les meilleurs jeux de mots mêlés qui soient et d'apprendre en vous amusant !

Votre avis est essentiel. Vous pouvez participer activement au succès de ce livre en nous laissant un commentaire. Nous aimerions vraiment savoir ce que vous avez préféré dans cette édition !

Voici un lien rapide qui vous mènera à la page d'évaluation de vos commandes :

BestBooksActivity.com/Avis50

Merci pour votre aide et amusez-vous bien !

De la part de toute l'équipe

1 - Été

Г	П	Ш	Щ	Щ	Л	Б	В	А	Т	А	С	К	П
Р	М	К	Ъ	У	А	Л	Ш	И	Г	М	Ц	Н	Р
А	Р	У	Ъ	Ш	Ш	О	Р	П	Ж	Я	Щ	И	И
Д	Е	М	Р	М	О	Р	Е	Ь	М	Щ	Ц	Г	Я
И	Л	У	П	К	П	З	В	Е	З	Д	И	И	Т
Н	А	З	Ф	Л	А	И	Я	Н	С	В	Г	В	Е
А	К	И	Л	Ж	А	Н	Н	Щ	Е	Д	Р	Н	Л
Г	С	К	Х	С	Й	Ж	Е	Г	М	Ж	И	К	И
Ц	А	А	Р	А	Д	О	С	Т	Е	Я	Ю	П	Е
Ж	Ц	О	Ю	Н	Я	У	Г	Я	Й	Х	Й	Ф	А
Х	И	Ц	Б	Д	А	О	П	Ь	С	С	Ж	У	И
Ц	Я	Х	Р	А	Н	А	П	Ъ	Т	У	В	А	М
У	И	Ъ	П	Л	Л	Р	Ю	П	В	Д	Ь	Ш	Ч
Л	Б	Ц	Ь	И	Т	Й	Ш	Ш	О	Т	Б	Я	Ъ

ПРИЯТЕЛИ	МОРЕ
КЪМПИНГ	МУЗИКА
ЗВЕЗДИ	ХРАНА
СЕМЕЙСТВО	ПЛАЖ
ГРАДИНА	ГМУРКАНЕ
ИГРИ	РЕЛАКСАЦИЯ
РАДОСТ	САНДАЛИ
КНИГИ	ПЪТУВАМ

2 - Adjectifs #2

```
И  Щ  Я  Ь  К  У  Ю  В  Ф  Ц  Щ  Я  И  О
С  З  Г  П  С  С  Н  А  Д  А  Р  Е  Н  П
Щ  Л  В  Б  Х  Е  П  У  Ж  Й  У  И  Т  И
Д  И  В  Е  С  О  Л  Е  Н  Б  А  М  Е  С
Й  Г  Ч  С  С  И  Л  Е  Н  О  В  А  Р  А
З  Д  Р  А  В  Т  Г  И  Г  Н  Т  Ч  Е  Т
Ь  П  Б  И  С  Ь  Е  О  Щ  А  Е  И  С  Е
М  П  Р  Д  Б  Л  Ч  Н  Р  Ц  Н  С  Н  Л
О  Т  Г  О  В  О  Р  Е  Н  Д  Т  Т  О  Е
П  Р  И  Р  О  Д  Е  Н  Ъ  М  И  С  Е  Н
Т  В  О  Р  Ч  Е  С  К  И  О  Ч  У  Ь  Н
Р  А  Х  Т  Ч  Щ  Я  Ъ  П  Щ  Е  Х  М  В
О  Д  Р  А  М  А  Т  И  Ч  Е  Н  Н  Н  П  В
П  Р  О  Д  У  К  Т  И  В  Н  И  Д  К  С
```

АВТЕНТИЧЕН	ПРИРОДЕН
ИЗВЕСТЕН	НОВ
ТВОРЧЕСКИ	ПРОДУКТИВНИ
ОПИСАТЕЛЕН	МОЩЕН
НАДАРЕН	ЧИСТ
ДРАМАТИЧЕН	ОТГОВОРЕН
ЕЛЕГАНТЕН	ЗДРАВ
ГОРД	СОЛЕН
СИЛЕН	ДИВ
ИНТЕРЕСНО	СУХ

3 - Exploration

```
И Ж Ь П Р В О Б Н С О С Д Н
З П Ъ Т У В А М Ц К М Й А Е
Т Р Г Ф Ц Е Ч Е К У А Ъ Л И
О О Т К Р И Т И Е Р Ш Ж Е З
Щ П Ъ Д П О Щ О Л А Ь О Ч В
Е Р Р Е Ъ Я Щ К Ъ Ж Н В Е Е
Н Е С У И Ъ Д Л А Д И В Н С
И Д Е К У Л Т У Р И Ж И Н Т
Е Е Н Я Р Д Ь Т Е З И К О Е
Т Л Е И А Р Й Е Б Ю В О В Н
Т Я Ь К Ь Ц Ц Р О Е О О Щ Х
М Н Ж В И Ц Н Е Ь Ш Т Н А Ь
Д Е Й Н О С Т Н Л Г Н О Л Ж
Ф В Ъ Л Н Е Н И Е Ц И Ч Г Ъ
```

ДЕЙНОСТ	НЕИЗВЕСТЕН
ЖИВОТНИ	ЕЗИК
КУРАЖ	ДАЛЕЧЕН
КУЛТУРИ	НОВ
ОТКРИТИЕ	ТЪРСЕНЕ
ОПРЕДЕЛЯНЕ	ДИВ
ВЪЛНЕНИЕ	ТЕРЕН
ИЗТОЩЕНИЕ	ПЪТУВАМ

4 - Formes

```
М Х И А Ъ Ц Ц У К А Г Ю Ъ А
П И Р А М И Д А Р Р Р Ъ У Х
О Р Ч Б Г Д Ъ Г Ъ Л И Т Я В
Л М А К Р Ъ Г М Б Т Т В Ф Ч
И Б И В И А А К О Н У С А О
Г Ж К Я О Х Ж Х В П П П Т В
О А Г Щ Ь Ъ С Д Е Ш Р Л А А
Н С Ф Е Р А Г У А М И Й П Л
К В А Д Р А Т Ъ У О З Ь М М
Л Х И П Е Р Б О Л А М Щ У Ш
Ц И Е Л И П С А Щ Н А Ь Ж Д
О Д Н С Т Р А Н А Й И Ж Й Л
Д Т Р И Ъ Г Ъ Л Н И К К Д Т
К У Б Г Я Ц И Л И Н Д Ъ Р П
```

ДЪГА	ЕЛИПСА
РЪБОВЕ	ХИПЕРБОЛА
КВАДРАТ	ЛИНИЯ
КРЪГ	ОВАЛ
ЪГЪЛ	ПОЛИГОН
КРИВА	ПРИЗМА
КОНУС	ПИРАМИДА
СТРАНА	ПРАВОЪГЪЛНИК
КУБ	СФЕРА
ЦИЛИНДЪР	ТРИЪГЪЛНИК

5 - Salle de Bains

```
Р  Ф  Ъ  Д  Т  Д  П  А  Р  А  А  Ф  О  М
Д  С  Л  Р  Ч  Ж  Ъ  А  Д  Я  Й  М  Г  Е
У  Ц  А  М  Ц  Б  Ж  Ъ  Р  Р  А  Ю  Л  Х
Ш  С  Г  П  Ч  Л  Ф  П  Л  Ф  Н  С  Е  У
Г  С  А  У  У  М  Р  М  К  Е  Ю  Ш  Д  Р
Н  Н  Я  Ч  Ъ  Н  Д  Ь  И  К  Г  М  А  Ч
Ж  Й  Н  У  Р  Т  Ш  Я  Л  Ъ  Р  К  Л  Е
Б  А  Н  Я  В  О  Д  А  И  Р  Ш  А  О  Т
М  Й  О  Ю  Д  А  Ш  А  М  П  О  А  Н  А
И  В  Ж  Р  Й  Л  О  Ч  Н  А  Щ  Ч  Х  Д
В  Й  И  Ъ  В  Е  Л  О  С  И  О  Н  Р  М
К  П  Ц  Г  И  Т  О  Ч  Г  Ъ  Б  А  Л  М
А  Л  А  Ц  Д  Н  Р  Ю  М  Ь  Р  Р  И  И
Е  О  В  Д  П  А  Ь  О  Н  С  Ц  У  Ь  Ш
```

БАНЯ	ПАРФЮМ
МЕХУРЧЕТА	КРАН
НОЖИЦА	САПУН
ДУШ	КЪРПА
ВОДА	ШАМПОАН
ГЪБА	КИЛИМ
МИВКА	ТОАЛЕТНА
ЛОСИОН	ПАРА
ОГЛЕДАЛО	

6 - Adjectifs #1

```
Щ Ч Ф Ь Г В Д Е Л А М Ж Л Б
А Е Й Д Ц А М Ч К Р А С И В
П Ю Д М Я Ж Х Е Ж Т М Л А Д
Б Ч Ш Ъ Х Н К С У И О А И Е
Х М О А Р О Ъ Т Ж С Д М Д К
А Б С О Л Ю Т Е Н Т Е Б Е З
Щ У А Б А В Е Н П И Р И Н О
Х И С Р Т Е Ж Ъ К Ч Е Ц Т Т
Г Ч Ъ В О Г Р О М Е Н И И И
Ж А В А П М Щ А Я Н Д О Ч Ч
Ю Л Е С С Б А О Ч Щ Г З Е Е
Н Е В И Н Е Н Т Г А Н Е Н Н
А К Т И В Е Н С Е М Н Н Х Ь
А Ц Н Н Т Ъ Н Ъ К Н Е Р Ю Е
```

АБСОЛЮТЕН	ЧЕСТЕН
АКТИВЕН	ИДЕНТИЧЕН
АМБИЦИОЗЕН	ВАЖНО
АРОМАТЕН	НЕВИНЕН
АРТИСТИЧЕН	МЛАД
КРАСИВ	БАВЕН
ЕКЗОТИЧЕН	ТЕЖЪК
ОГРОМЕН	ТЪНЪК
ЩЕДЪР	МОДЕРЕН

7 - Instruments de Musique

М	А	Р	И	М	Б	А	Х	Ф	Ь	Р	Х	У	Т
А	Ж	П	И	П	Щ	Ю	Щ	Ю	Г	Щ	К	М	Р
Н	А	Г	П	Б	А	Н	Д	Ж	О	О	Ш	С	О
Д	К	У	Щ	И	С	Ю	С	В	О	Щ	Н	В	М
О	И	Н	К	Л	А	Р	И	Н	Е	Т	С	Г	П
Л	Т	С	Д	Ь	К	Н	А	Е	А	Щ	Н	У	Е
И	А	Р	Ф	А	С	Т	О	Б	О	Й	Ц	Д	Т
Н	Р	К	Ж	Б	О	Д	Щ	Е	К	Т	И	А	Б
А	А	И	Л	Ю	Ф	А	Г	О	Т	Р	Г	Р	А
Д	В	И	О	Л	О	Н	Ч	Е	Л	О	У	Н	Р
Х	А	Р	М	О	Н	И	К	А	Д	М	Л	И	А
Ч	Г	Й	Ъ	Ь	О	Х	Д	Ъ	С	Б	К	Я	Б
Ч	В	К	Р	Ф	Л	Е	Й	Т	А	О	А	С	А
У	Ю	Щ	Г	Е	Ш	Ж	И	П	С	Н	Ц	Р	Н

БАНДЖО	МАРИМБА
ФАГОТ	УДАРНИ
КЛАРИНЕТ	ПИАНО
ФЛЕЙТА	САКСОФОН
ГОНГ	БАРАБАН
КИТАРА	ДАЙРЕ
ХАРМОНИКА	ТРОМБОН
АРФА	ТРОМПЕТ
ОБОЙ	ЦИГУЛКА
МАНДОЛИНА	ВИОЛОНЧЕЛО

8 - Échecs

```
С К Е Ж Н Р С Х Л Х Р Б Т С
К Т П Ж Е Р С Щ Т Д Т Ш У Р
Р П Р К Т Р М Й Р С И Ъ Р Х
А А О А Д Е Т Т О Ч К И Н Я
Л С Т К Т Ц Л В Е Ю А Я И Я
И И И Ю К Е Л С А Н Р С Р Ч
Ц В В Ю К Я Г К О Н К У Р С
А Е Н И Б Ф С И Б Т Р Л Ж Е
У Н И Г Д Д Д Г Я А А М Ь Р
Я В К Р А Х Я Р Л Ш Л Ъ А У
Щ П Р А В И Л А Т Ч Е Р Е Н
Б У М Е Н Д Т Ч Б Л К Н Ф Ъ
Д И А Г О Н А Л Т Х Ъ Б Ч Б
Ш А М П И О Н П Щ Я Я Г Щ В
```

ПРОТИВНИК	ПАСИВЕН
БЯЛ	ТОЧКИ
ШАМПИОН	КРАЛИЦА
КОНКУРС	ПРАВИЛА
ДИАГОНАЛ	КРАЛ
УМЕН	ЖЕРТВА
ИГРА	СТРАТЕГИЯ
ИГРАЧ	ЧАС
ЧЕРЕН	ТУРНИР

9 - Herboristerie

```
Р  Г  А  Л  П  О  Л  Е  З  Н  О  Ъ  Л  Е
И  Р  Р  А  М  А  Г  Д  А  Н  О  З  Ю  С
Г  А  О  В  М  З  Е  Л  Е  Н  Х  Ж  К  Т
А  Д  М  А  Р  Е  Б  Р  П  Ш  У  Ф  У  Р
Н  И  А  Н  Г  Х  Н  Ч  Е  С  Ъ  Н  Л  А
Ж  Н  Т  Д  Ъ  К  Х  Т  И  Н  Ч  Р  И  Г
П  А  Е  У  Р  О  З  М  А  Р  И  Н  Н  О
Х  Б  Н  Л  Е  П  М  Б  Ш  С  Ъ  К  А  Н
Ж  Х  Й  А  Ь  Ъ  Н  Б  О  А  О  Б  Р  Ж
Ц  В  Е  Т  Е  Р  Я  Щ  С  С  Ф  Ф  Е  Ц
М  А  Щ  Е  Р  К  А  Е  Ш  В  И  Р  Н  Ц
В  Л  М  Р  Р  Д  Е  Ъ  В  К  Ю  Л  А  Ж
С  Ъ  С  Т  А  В  К  А  П  У  Ч  Г  Е  Н
К  Ъ  Т  Л  Ю  К  А  Ч  Е  С  Т  В  О  К
```

ЧЕСЪН	ЛАВАНДУЛА
АРОМАТЕН	РИГАН
БОСИЛЕК	МЕНТА
ПОЛЕЗНО	МАГДАНОЗ
КУЛИНАРЕН	КАЧЕСТВО
ЕСТРАГОН	РОЗМАРИН
КОПЪР	ШАФРАН
ЦВЕТЕ	ВКУС
СЪСТАВКА	МАЩЕРКА
ГРАДИНА	ЗЕЛЕН

10 - Véhicules

```
С Ч Т Ю Б Ч К Л Т Ф С Х В А
Ж К Г А Ж Ш О Ч П Е О Е Е Ф
Щ К У Я К Ш Л Е Ф Р В Л Л С
Ц В М Т Ь С А В А И А И О Ж
Ч Ш И Е Е С И Ч А Б Л К С П
М Е Т Р О Р П Щ Я О К О И Ю
П А Щ К А М И О Н Т А П П Ь
Е В Р С А М О Л Е Т Ю Т Е С
П Т Е Ч Т Р А К Е Т А Е Д Е
Й О В Щ М Л А Ц Р О Ю Р Щ М
Х Б Г Л П О Д В О Д Н И Ц А
С У В Я Д Д Т Р А К Т О Р М
А С Ь Г Д К Ж Л И Н Е Й К А
Л Д В И Г А Т Е Л Б А Р Н Ф
```

ЛИНЕЙКА	ДВИГАТЕЛ
САМОЛЕТ	СОВАЛКА
ЛОДКА	ГУМИ
АВТОБУС	САЛ
КАМИОН	СКУТЕР
КАРАВАНА	ПОДВОДНИЦА
ФЕРИБОТ	ТАКСИ
РАКЕТА	ТРАКТОР
ХЕЛИКОПТЕР	ВЕЛОСИПЕД
МЕТРО	КОЛА

11 - Camping

```
Я  Б  Ч  К  Ж  Л  О  П  Т  Ъ  Д  В  У  К
Л  А  Л  Х  И  О  Щ  Р  Л  Ш  Х  Ь  Т  А
Ц  Ф  Ь  Т  В  Л  Л  И  Х  А  М  А  К  Н
В  Ъ  Ж  Е  О  Г  О  Р  А  П  Н  Н  А  У
П  Ь  Ф  З  Т  Т  В  О  Ц  К  Щ  И  С  Х
А  М  Ф  Е  Н  Е  Р  Д  Ш  А  Щ  М  Н  Ц
Л  Ъ  Д  Р  И  Д  Н  А  Н  У  Л  Я  Х  А
А  Я  К  О  М  П  А  С  Ъ  Л  Ф  Б  Т  Р
Т  Ж  Л  Л  У  Н  А  Б  Л  Я  В  Т  А  Ф
К  К  А  Б  И  Н  А  Й  Ч  Г  Л  М  Д  К
А  Б  А  Ъ  О  Б  О  Р  У  Д  В  А  Н  Е
У  Т  П  Р  И  К  Л  Ю  Ч  Е  Н  И  Е  Я
О  Г  Ъ  Н  Т  Н  А  С  Е  К  О  М  О  Л
Х  Я  Ь  Ц  Б  А  Г  Р  Ц  Ч  М  Ь  Г  Ц
```

ЖИВОТНИ	ОГЪН
ПРИКЛЮЧЕНИЕ	ГОРА
КОМПАС	ХАМАК
КАБИНА	НАСЕКОМО
КАНУ	ЕЗЕРО
КАРТА	ФЕНЕР
ШАПКА	ЛУНА
ЛОВ	ПЛАНИНА
ВЪЖЕ	ПРИРОДА
ОБОРУДВАНЕ	ПАЛАТКА

12 - Écologie

```
Р Т Д О П Ч Й Р И Щ Ц У Ю Ц
А С О Ц Р Л О Б Щ Н О С Т И
С У Б Е И П Т К В Л Ш Т Л Р
Т Ь Р Л Р Ф Л О Р А Ю О Х А
Е Ь О Я О Й У А Ш И Д Й Я З
Н Г В В Д Я Л Р Н О Ь Ч Р Н
И Л О А Е К Х В Ъ И И И И О
Я О Л Н Н Г П К Г Ж Н В Х О
Т Б Ц Е Ю М О Р С К И И П Б
Т А И Ц Щ Л О Ъ И Б К Д У Р
И Л Л Д Щ Е С И Ю Р С Ж А А
Р Е С У Р С И У Ж Ф О Д Ф З
Ь Н К Л И М А Т Ш Ц Р Д Т И
Ф А У Н А Ц Я Б Л А Т О А Е
```

ДОБРОВОЛЦИ	МОРСКИ
КЛИМАТ	ПЛАНИНИ
ОБЩНОСТИ	ПРИРОДА
РАЗНООБРАЗИЕ	ПРИРОДЕН
УСТОЙЧИВ	РАСТЕНИЯ
ВИД	РЕСУРСИ
ФАУНА	СУША
ФЛОРА	ОЦЕЛЯВАНЕ
ГЛОБАЛЕН	СОРТ
БЛАТО	

13 - Astronomie

```
Л  У  Н  А  М  Ъ  Г  Л  Я  В  И  Н  А  Г
Р  Ж  Ь  Е  Щ  Ю  Р  К  О  С  М  О  С  А
Л  С  Г  И  Б  А  А  Г  Б  Ъ  Р  Б  Т  Л
Ц  С  Ч  С  В  Е  В  Х  С  З  В  Й  Р  А
У  Д  А  А  С  М  Н  Т  Е  В  С  З  О  К
П  Р  С  Д  С  Е  О  Р  Р  Е  Е  А  Н  Т
Р  А  Т  Р  В  Т  Д  Ф  В  З  Л  Т  А  И
С  К  Р  А  Р  Е  Е  Й  А  Д  Е  Ъ  В  К
Л  Е  О  Д  Ъ  О  Н  Р  Т  И  Н  М  Т  А
Ъ  Т  Н  И  Х  Р  С  Л  О  Е  А  Н  Я  Ъ
Н  А  О  А  Н  Л  Т  Ж  Р  И  Б  Е  Й  О
Ч  Я  М  Ц  О  Ч  В  С  И  И  Д  Н  М  В
Е  Т  Ф  И  В  И  И  Е  Я  Ь  Д  И  Ш  Б
В  Р  Г  Я  А  К  Е  П  Л  А  Н  Е  Т  А
```

АСТЕРОИД	ЛУНА
АСТРОНАВТ	МЕТЕОР
АСТРОНОМ	МЪГЛЯВИНА
НЕБЕ	ОБСЕРВАТОРИЯ
СЪЗВЕЗДИЕ	ПЛАНЕТА
КОСМОС	РАДИАЦИЯ
ЗАТЪМНЕНИЕ	СЛЪНЧЕВ
РАВНОДЕНСТВИЕ	СВРЪХНОВА
РАКЕТА	ЗЕМЯ
ГАЛАКТИКА	ВСЕЛЕНА

14 - Types de Cheveux

Д	Ю	Я	Ц	Ц	Х	Д	Л	Ц	Ш	Б	Я	Ч	В
Б	Е	П	Л	Е	Ш	И	В	Ъ	Б	А	Ж	Е	Ъ
Е	С	Б	В	Щ	С	К	Б	Е	С	У	Х	Р	Л
К	А	Я	Е	Н	П	Л	Б	Ь	Б	К	Й	Е	Н
Л	Х	Л	Ю	Л	Л	Ж	П	Д	Щ	М	А	Н	О
Ъ	Б	Л	В	Й	Е	Б	К	Ъ	С	Е	О	В	О
З	Д	Р	А	В	Т	Н	Ъ	Ц	Н	К	А	У	Б
В	Щ	Ь	О	В	Е	Ь	Д	Т	У	Е	Г	Щ	Р
П	Ъ	Д	Ю	Ф	Н	Ю	Р	У	С	А	В	В	А
Ш	Л	О	Ж	О	Щ	Й	А	К	Б	А	Г	Й	З
П	Я	И	А	Й	Ъ	Ю	В	О	В	У	Ъ	Ж	Н
С	И	В	Т	Ъ	Н	Ъ	К	Ъ	Д	Р	И	Ц	И
О	Ъ	Ш	Ш	К	А	Ф	Я	В	В	П	Л	Н	Ш
Д	Ъ	Л	Г	О	И	Г	Л	А	Д	К	А	С	Р

БЯЛ	ГЛАДКА
РУСА	ДЪЛГО
КЪДРИЦИ	КАФЯВ
ЛЪСКАВ	ТЪНЪК
ПЛЕШИВ	ЧЕРЕН
КЪС	ВЪЛНООБРАЗНИ
МЕК	ЗДРАВ
ДЕБЕЛ	СУХ
КЪДРАВ	ПЛИТКИ
СИВ	СПЛЕТЕН

15 - Restaurant #1

```
Р П К Л Х Ж Ъ М Е С О Я К П
Е Т Х О В Р К У П А Е Д У И
З Д С Ъ С Т А В К И Я Е Х К
Е Н А Д О Ь С Н Л Ч Й С Н А
Р Ш Л К С Е И О А Ж А Е Я Н
В А Ф Ш У Й Е Ж Ф М Л Р Р Т
А У Е К Я Ж Р Т К Е Е Т И Н
Ц Ь Т А Я Г П Ц Щ И Р Н У И
И Т К Ф Ф Ш Х С Ю У Г Г Ю Г
Я С А Е Х Л Я Б П Ъ И А О Щ
П И Л Е Б Г Р И Г О Я М Ф К
С Е Р В И Т Ь О Р К А Е Л Д
Й И Ж Ъ М В Д Ъ Е Ш Т Ц А Д
Н Ъ Е Х Ж Х Ч Л Ч Щ Й А Ь Ц
```

АЛЕРГИЯ	МЕНЮ
КУПА	ХРАНА
КАФЕ	ХЛЯБ
КАСИЕР	ПИЛЕ
НОЖ	РЕЗЕРВАЦИЯ
КУХНЯ	СОС
ДЕСЕРТ	СЕРВИТЬОРКА
ПИКАНТНИ	САЛФЕТКА
СЪСТАВКИ	МЕСО

16 - Mammifères

О	Е	С	У	Ц	Ц	К	Л	К	Ъ	У	Н	Ю	Г
М	П	Г	Д	К	У	Ч	Е	В	П	И	Я	Ш	Ъ
К	Ц	М	Ч	О	Ш	И	Д	О	А	Д	К	Р	Е
З	А	Е	К	Й	О	В	Ц	А	Я	Ч	О	З	Ъ
Б	О	Ч	У	О	Ф	Ъ	М	Р	С	Е	Н	Е	Ь
Г	Л	К	Р	Т	Р	Л	Ъ	В	Ш	Л	Х	Б	В
Л	Л	А	Т	Щ	Р	К	Д	Ж	К	И	К	Р	К
О	И	М	А	Й	М	У	Н	А	С	О	Й	А	А
Г	П	С	Л	О	Н	Т	И	Г	Ъ	Р	Т	Ч	Я
О	О	Б	И	К	Е	Н	Г	У	Р	У	Ж	К	И
А	В	Р	Л	Ц	Т	И	Й	С	Ц	П	И	Т	А
Щ	Я	М	И	Х	А	К	И	Т	О	Ф	Р	Г	М
Щ	Ч	Д	Е	Л	Ф	И	Н	Б	И	Ъ	А	Я	Е
М	Ь	Ь	А	Й	А	Ч	Ю	Ъ	Г	Н	Ф	С	Е

КИТ	ЗАЕК
КОТКА	ЛЪВ
КОН	ВЪЛК
КУЧЕ	ОВЦА
КОЙОТ	МЕЧКА
ДЕЛФИН	ЛИСИЦА
СЛОН	МАЙМУНА
ЖИРАФ	БИК
ГОРИЛА	ТИГЪР
КЕНГУРУ	ЗЕБРА

17 - Sports

```
Г Ц И Ю Р Ж Д С И П Ф М И К
О Т Г Т И Е Б Ж Г О Е Р Ю Б
Л Ш Р А О Я Ф Й Р Б Щ О О А
Ф Ш А С Ч Н Н Е А Е Ъ У Ш С
О Н Ч Х О К Е Й Р Д Ш Р А К
Б Т Б И Х Й Х Ж Ц И Б Л Ш Е
Е В Б Г И М Н А С Т И К А Т
Й Х О О А Т Т Ж П Е Е М М Б
З П А Д Р Ц Х М О Л Б Н П О
Б Т Р Е Н Ь О Р Р А К Н И Л
О С Т А Д И О Н Т Ю Я Ц О С
Л Р Х В Е Л О С И П Е Д Н Б
Д В И Ж Е Н И Е С Ь М Р А Л
Г И М Н А З И Я Т Е Л М Т П
```

РЕФЕР	ГИМНАЗИЯ
СПОРТИСТ	ГИМНАСТИКА
БЕЙЗБОЛ	ХОКЕЙ
БАСКЕТБОЛ	ИГРА
ШАМПИОНАТ	ИГРАЧ
ТРЕНЬОР	ДВИЖЕНИЕ
ОТБОР	СТАДИОН
ПОБЕДИТЕЛ	ТЕНИС
ГОЛФ	ВЕЛОСИПЕД

18 - Chocolat

С	К	Б	А	Р	О	М	А	Т	Л	В	Я	И	Т
Л	О	О	Н	Е	Й	С	Ю	Т	Ш	Ю	Л	Х	Ь
А	К	Н	Т	К	Д	Ъ	Х	И	В	Ж	Б	У	Д
Д	О	Б	И	Г	С	С	П	Д	П	Б	Г	И	О
Ъ	С	О	О	В	Х	Т	В	К	У	С	Е	Н	М
К	О	Н	К	А	К	А	О	Х	У	Щ	В	Ь	Г
З	В	Ь	С	А	П	В	О	И	Ь	Ю	П	Ю	Р
А	О	Ф	И	В	Р	К	В	Г	О	Р	Ч	И	В
Х	Р	И	Д	Б	К	А	Л	О	Р	И	И	Г	Ш
А	Е	Т	А	Б	Т	У	М	П	Р	А	Х	П	Р
Р	Х	С	Н	И	Х	Г	С	Е	Л	Ф	Я	Ь	Ф
С	Е	Б	Т	Д	Г	Г	М	Ц	Л	М	Д	Р	Ш
З	А	Н	А	Я	Т	Ч	И	Й	С	К	И	И	Я
Ф	Ъ	С	Т	Ъ	Ц	И	Р	Е	Ц	Е	П	Т	А

ГОРЧИВ
АНТИОКСИДАНТ
АРОМАТ
ЗАНАЯТЧИЙСКИ
БОНБОН
ФЪСТЪЦИ
КАКАО
КАЛОРИИ
КАРАМЕЛ

ВКУСЕН
СЛАДЪК
ЛЮБИМ
ВКУС
СЪСТАВКА
КОКОСОВ ОРЕХ
ПРАХ
РЕЦЕПТА
ЗАХАР

19 - Mathématiques

А	С	Т	Е	П	Е	Н	Р	У	С	П	Д	П	Б
В	У	У	Й	Л	Д	И	А	Р	И	Р	И	Е	К
С	Г	Д	М	В	М	Е	Д	А	М	А	А	Р	Т
В	С	Е	П	А	Ъ	А	И	В	Е	В	М	И	Б
Т	Ф	С	О	С	Г	А	У	Н	Т	О	Е	М	К
Р	Ъ	Е	Л	М	Б	Р	С	Е	Р	Ъ	Т	Е	В
И	У	Т	И	Я	Е	И	Ф	Н	И	Г	Ъ	Т	А
Ъ	Л	И	Г	Е	К	Т	Е	И	Я	Ъ	Р	Ъ	Д
Г	С	Ч	О	Р	Ц	М	Р	Е	Ъ	Л	Ъ	Р	Р
Ъ	Й	Е	Н	Е	Щ	Е	А	И	У	Н	Т	Я	А
Л	Г	Н	Ц	Е	О	Т	Й	Ц	Я	И	Р	У	Т
Н	В	Л	Ч	О	Б	И	К	О	Л	К	А	Н	Г
И	Л	Т	И	В	У	К	П	Р	И	Л	И	К	А
К	Й	М	Й	Ф	Р	А	К	Ц	И	Я	Д	Ц	Ь

ЪГЛИ
АРИТМЕТИКА
КВАДРАТ
ОБИКОЛКА
ДЕСЕТИЧЕН
ДИАМЕТЪР
СТЕПЕН
УРАВНЕНИЕ
ФРАКЦИЯ
ГЕОМЕТРИЯ

ПРИЛИКА
ПЕРИМЕТЪР
ПОЛИГОН
РАДИУС
ПРАВОЪГЪЛНИК
СУМА
СФЕРА
СИМЕТРИЯ
ТРИЪГЪЛНИК

20 - Théâtre

К	Ж	Ч	А	Р	Ш	И	Н	К	Ц	Й	Л	В	Т
О	О	В	Ъ	П	Ъ	З	Х	А	Б	Б	Е	Л	А
М	К	С	Т	М	Щ	П	А	М	Г	С	О	Й	Л
Е	Р	О	Т	Я	Х	Ъ	Р	У	М	Р	Ч	Н	А
Д	И	Х	У	Ю	К	Л	И	З	П	А	А	И	Н
И	Т	К	С	Ь	М	Н	З	И	У	К	Р	Д	Т
Я	И	О	Л	П	Ж	И	М	К	Б	Т	О	Р	И
С	К	Ш	И	К	Х	Т	А	А	Л	Р	В	А	О
Щ	А	Ч	Б	Ж	Ф	Е	И	Л	И	И	А	М	Ь
Е	М	О	Ц	И	Я	Л	Т	Е	К	С	Т	А	Ф
О	Р	К	Е	С	Т	Ъ	Р	Н	А	А	Е	Щ	Ц
Т	Р	А	Г	Е	Д	И	Я	У	М	Щ	Л	Ь	Щ
А	К	Т	Ь	О	Р	Г	С	Ю	Г	К	Е	Д	О
М	Р	Ю	У	Щ	Д	А	А	Ю	С	Д	Н	Б	Й

АКТЬОР	ЕМОЦИЯ
АКТРИСА	ИЗПЪЛНИТЕЛ
ХАРИЗМА	МУЗИКАЛЕН
ОЧАРОВАТЕЛЕН	ОРКЕСТЪР
КОМЕДИЯ	НАГРАДИ
КОСТЮМИ	ПУБЛИКА
КРИТИКА	ТАЛАНТ
ДРАМА	ТРАГЕДИЯ

21 - Mythologie

П	Г	С	Я	Б	Н	С	В	О	И	Н	Ю	Ъ	Ъ
О	Я	Р	И	У	А	М	Я	Т	Р	В	С	Н	Ч
В	И	Я	Ъ	Л	В	Ъ	Р	Ь	Е	К	Ъ	А	Й
Е	Д	И	Щ	М	А	Р	В	Е	В	У	З	Ж	О
Д	Ш	Н	К	Ю	Е	Т	А	Й	Н	Л	Д	М	Ч
Е	М	Т	Ш	А	Я	Е	Н	И	О	Т	А	А	У
Н	М	Б	Б	Ш	Л	Н	И	Ь	С	У	Н	Г	Д
И	Ъ	Ч	Ц	Ц	Л	Ю	Я	Ъ	Т	Р	И	И	О
Е	Л	А	Б	И	Р	И	Н	Т	Й	А	Е	Ч	В
А	Н	А	Р	Х	Е	Т	И	П	Ю	К	Т	Е	И
П	И	С	Ъ	З	Д	А	В	А	Н	Е	Ш	С	Щ
Л	Я	Б	Е	Д	С	Т	В	И	Е	Я	П	К	Е
Г	Е	Р	О	Й	Ф	Г	С	К	Ж	Р	Н	И	П
Х	Ю	Л	Е	Г	Е	Н	Д	А	Х	Д	К	П	Щ

АРХЕТИП	ВОИН
БЕДСТВИЕ	ГЕРОЙ
ПОВЕДЕНИЕ	РЕВНОСТ
СЪЗДАВАНЕ	ЛАБИРИНТ
СЪЗДАНИЕ	ЛЕГЕНДА
ВЯРВАНИЯ	МАГИЧЕСКИ
КУЛТУРА	ЧУДОВИЩЕ
МЪЛНИЯ	СМЪРТЕН
СИЛА	ГРЪМ

22 - Restaurant #2

```
Ж Ш О П Ф Ъ Ь С С С О Л Ф Ъ
Ц Я В Я Ш Е Ш Ю Ж Т Б Ъ Е Г
Т О Р Т А К В Щ О О Я Ж Ц Д
Ц Р Щ Ж У Я К Ю Т Л Д И З А
Н С У П А Л У Ф Р Ж Ъ Ц Е Г
А А Я Й Ц Ю С К К И Л А Л С
П Л О Д О В Е А В Ч Б К Е Е
И А Р Я Е Е Н В У Г Ч А Н Р
Т Т Ч Й И Ч Г О И Р А Ю Ч В
К А Ь Ц Ф Е С Д Ч Л Й Р У И
А А К А Й Р Й А Щ Щ И Т Ц Т
И А Ж П Ф Я О Л Т П М Ц И Ь
П О Д П Р А В К И Н И С А О
Ъ Х У Ч Й О К П Р Ж Щ Ж Х Р
```

НАПИТКА	ТОРТА
СТОЛ	ЛЕД
ЛЪЖИЦА	ЗЕЛЕНЧУЦИ
ОБЯД	ЮФКА
ВКУСЕН	ЯЙЦА
ВЕЧЕРЯ	РИБА
ВОДА	САЛАТА
ПОДПРАВКИ	СОЛ
ВИЛИЦА	СЕРВИТЬОР
ПЛОДОВЕ	СУПА

23 - Couleurs

```
Б А Б Б С Д Ж Ч М Й У И К Е
Е Я Ж Н И Г К Щ П У З И О Щ
Ж О Л Ъ В Й А О Б Ф Е С Щ Ъ
О В И Т Л У Е Ь Г М Л А С Ф
В О Л А Й Т Х Ж М Ц Е Ъ Г Б
Ъ Р А Ф П Й Ч П Я Й Н Х О Е
О О В Л И У Е Д М Й Р Ш Ц Б
Ш Я Б А Ь О Р А Н Ж Е В И К
И Й С З Ж Ч Е О Б И Ч К А А
Д Р Ж У Ъ Ь Н Т З Р Е П Н Ф
Ю Б Щ Р Т Л Д Ж Д О Р П В Я
С Ж С Е П И Я Д А Ш В Б Д В
Р Щ И Н Д И Г О С П Е В Ъ М
П Е Н Н Ц И Ш Г А Ц Н Ь Н Ш
```

ЛАЗУРЕН	КАФЯВ
БЕЖОВ	ЧЕРЕН
БЯЛ	ОРАНЖЕВ
СИН	РОЗОВ
ЦИАН	ЧЕРВЕН
ОБИЧКА	СЕПИЯ
СИВ	ЗЕЛЕН
ИНДИГО	ЛИЛАВ
ЖЪЛТ	

24 - Avions

Д	П	И	Л	О	Т	Д	Ч	Т	Б	В	П	А	У
А	В	Ъ	З	Д	У	Х	Щ	Ш	А	И	Р	С	Г
В	Т	И	С	Т	О	Р	И	Я	Л	Т	И	Т	В
И	О	М	Г	О	Р	И	В	О	О	Л	К	Р	О
С	Ю	Д	О	А	Щ	Ф	В	С	Н	А	Л	О	Д
О	Й	Ш	О	С	Т	Я	Ж	П	Е	С	Ю	И	О
Ч	У	Ъ	Е	Р	Ф	Е	Щ	У	Б	К	Ч	Т	П
И	Ш	Щ	Г	Д	О	Е	Л	С	Е	А	Е	Е	Ъ
Н	Я	Й	В	Г	Р	Д	Р	К	Е	Ц	Н	Л	Т
А	С	К	П	О	С	О	К	А	К	А	И	С	Н
Н	К	П	Ц	О	Щ	Я	Ъ	Н	И	Н	Е	Т	И
Д	И	З	А	Й	Н	Ъ	Н	Е	П	Е	У	В	К
Р	Л	В	А	Ц	Е	К	Х	М	А	Я	С	О	Ц
Х	Д	Г	И	Н	Й	Ъ	Р	М	Ж	Р	Ф	Ю	Б

ВЪЗДУХ
АТМОСФЕРА
КАЦАНЕ
ПРИКЛЮЧЕНИЕ
БАЛОН
ГОРИВО
НЕБЕ
СТРОИТЕЛСТВО
СПУСКАНЕ
ДИЗАЙН

ПОСОКА
ЕКИПАЖ
ВИСОЧИНА
ВИТЛА
ИСТОРИЯ
ВОДОРОД
ДВИГАТЕЛ
ПЪТНИК
ПИЛОТ

25 - Aventure

```
Ц Г М Т М У Ф В Н Д Ь П Н Б
Ж Ж С Р А А Й Ъ О Е Щ Р Е Е
Ж Й Ж У Р Я Ц З В С Д И О З
Ь Е Н Д Ш Н Е М Л Т У Я Б О
Г Ц А Н Р А К О П И Щ Т И П
Л Б В О У Д С Ж Р Н Х Е Ч А
К Я И С Т Е К Н И А Ф Л А С
Р Р Г Т Ъ Й У О Р Ц Д И Е Н
О П А С Е Н Р С О И Ш О Н О
Т Т Ц С П О З Т Д Я Ц А С С
Д В И Ь О С И Ц А Й Я Ю Н Т
Я Я Я Я Р Т Я П Ъ Т У В А С
Е Н Т У С И А З Ъ М Ш Н Ч С
П О Д Г О Т О В К А И Р Ю У
```

ДЕЙНОСТ	МАРШРУТ
ПРИЯТЕЛИ	РАДОСТ
КРАСОТА	ПРИРОДА
ШАНС	НАВИГАЦИЯ
ОПАСЕН	НОВ
ДЕСТИНАЦИЯ	ВЪЗМОЖНОСТ
ТРУДНОСТ	ПОДГОТОВКА
ЕНТУСИАЗЪМ	БЕЗОПАСНОСТ
ЕКСКУРЗИЯ	ПЪТУВА
НЕОБИЧАЕН	

26 - Ville

```
С У П Е Р М А Р К Е Т Ш Н Е
Ц В Е Т А Р К Л У П А З А Р
Ю Ш Я Д Щ Ч И Е Ч Т Р С К У
Г Б Н Щ В Ц Н Т И Е И Т Н Н
Д А П Д С М О И Л А З А И И
Ч Ю Л Х Ш К П Щ И Т О Д Ж В
Ф Т В Е Ж Н Л Е Щ Ъ О И А Е
В У Й Щ Р Ф И И Е Р П О Р Р
Ж Д Р Д Ю И Б А Н К А Н Н С
М Р Й Н Д Л Я Ь С И Р Ц И И
У Е Х Т А Х О Т Е Л К Й Ц Т
З А П Т Е К А Р Ц С М А А Е
Е Ч Б И Б Л И О Т Е К А Д Т
Й С С Р Е С Т О Р А Н Т Н А
```

ЛЕТИЩЕ	КНИЖАРНИЦА
БАНКА	ПАЗАР
БИБЛИОТЕКА	МУЗЕЙ
ФУРНА	АПТЕКА
КИНО	РЕСТОРАНТ
КЛИНИКА	СТАДИОН
УЧИЛИЩЕ	СУПЕРМАРКЕТ
ЦВЕТАР	ТЕАТЪР
ГАЛЕРИЯ	УНИВЕРСИТЕТ
ХОТЕЛ	ЗООПАРК

27 - Cuisine

```
В П Ф Н О Ж О В Е Ш Д Т Ц О
И О У Р Р Ц П В Б Ц Г Х Ч Р
Л Д Р Г Е Й Ш Р Г М Ъ Б С Ч
И П Н Ц Ц Ъ К К Ф Я Б Ъ Я Ф
Ц Р А Й Е Ъ У Я Х Р А Н А Н
И А Х Б П К П Р Ъ Ч И Ц И Й
П В Х Л Т К А Н А Е Я З Т Ш
Д К Ц Е А Ч А Ш И Р Ъ Р Е Щ
Ъ И Щ Я У Д И Д Ч П Ч Л С Р
Б У Р К А Н И В К А Х Ю К Ш
С К А Р А Х А Л К К Й П У Х
О Ь Л Ж И Ц И Н А Ц Н Х Н
С А Л Ф Е Т К А Ж И С К И А
П Р Е С Т И Л К А Д К Ч Л К
```

ПРЪЧИЦИ	ВИЛИЦИ
КУПА	СКАРА
ЧАЙНИК	ЧЕРПАК
ФРИЗЕР	ХРАНА
НОЖОВЕ	БУРКАН
КАНА	РЕЦЕПТА
ЛЪЖИЦИ	ХЛАДИЛНИК
ПОДПРАВКИ	САЛФЕТКА
ГЪБА	ПРЕСТИЛКА
ФУРНА	ЧАШИ

28 - Corps Humain

```
К О Л Я Н О Г Л А В А С И Ф
Г Р А М О Б Л А К Ъ Т Т Т Х
Ю Д Ъ С Р Р Е Л И Ц Е О М К
Й С К В Г А З Ч Щ У В М Д С
Ф Ц Ш Х М Д Е Е Ь У Г А Ч Ъ
И Т Ю Щ О И Н Л Х Х С Х Ф Р
Р Ъ К А З Ч Ц Ю Л О Ч Т Г Ц
Г Ц Д Х Ъ К У С Т Н И Й А Е
Ъ М Ц Ю К А Щ Т И Н Г Е С У
Ц К П Р Ъ С Т Т Ю Я О Х Р Ч
Е Ц Ф Т Я Р В Р А Т А С А А
Ц Г Ь Р О В Н У Ъ Я М Д Я И
Ю С Ф Т Ъ А К О Ж А П У Ъ Я
Ь Ф Ю М Ъ Е Ф Н Р И Ш Д Е У
```

УСТА	УСТНИ
МОЗЪК	РЪКА
ГЛЕЗЕН	ЧЕЛЮСТ
ВРАТА	БРАДИЧКА
ЛАКЪТ	НОС
СЪРЦЕ	УХО
ПРЪСТ	КОЖА
СТОМАХ	КРЪВ
РАМО	ГЛАВА
КОЛЯНО	ЛИЦЕ

29 - Épices

```
К В А Н И Л И Я Т Н Р Д К П
Ж И К У Я Щ Ъ Л П О М Ж А М
И Е С Й Ц Ю Р Ю Ш О Г И Н К
П У Н Е К А Р Д А М О Н Е О
Г И Ц С Л У К И Н Щ Р Д Л Р
Т К П Ц К П Т Г А Б Ч Ж А И
Й Й К Е Ъ О Г Ю С Л И И Ш А
К Р С П Р П Б С О Л В Ф А Н
И О Л Ц И Ю В И Н Й К И Ф Д
М К У Р К У М А Л Щ У Л Р Ъ
И Б С Ч Е С Ъ Н Й Е С Е А Р
О Ч Е Р В Е Н П И П Е Р Н Й
Н Г Д Ч Х К О П Ъ Р Ч Ъ Л У
К О У У Т М Ш Н Ь Ш Р Л Ф М
```

КИСЕЛ	КОПЪР
ЧЕСЪН	ДЖИНДЖИФИЛ
ГОРЧИВ	ЛУК
АНАСОН	ЧЕРВЕН ПИПЕР
КАНЕЛА	ПИПЕР
КАРДАМОН	ЖЕНСКО БИЛЕ
КОРИАНДЪР	ШАФРАН
КИМИОН	ВКУС
КУРКУМА	СОЛ
КЪРИ	ВАНИЛИЯ

30 - Science

Е	Г	М	Е	Т	О	Д	Ж	В	П	Г	Л	О	Г
В	К	Ф	И	З	И	К	А	Й	Р	Р	А	Р	Г
О	Л	С	Ш	Н	Ж	Ж	Я	О	И	А	Б	Г	Ъ
Л	И	В	П	Ж	Е	Л	М	Ц	Р	В	О	А	Ф
Ю	М	В	Ф	Е	Ш	Р	Г	У	О	И	Р	Н	Г
Ц	А	П	А	Ч	Р	Щ	А	Н	Д	Т	А	И	Х
И	Т	Х	К	Ь	Б	И	Г	Л	А	А	Т	З	И
Я	М	Ч	Т	Р	Ь	Л	М	К	И	Ц	О	Ъ	М
М	И	Н	Е	Р	А	Л	А	Е	Х	И	Р	М	И
Д	Е	Г	А	Л	О	Х	Б	Н	Н	Я	И	У	Ч
А	Щ	Ч	А	С	Т	И	Ц	И	Д	Т	Я	Ч	Е
Н	Ю	Р	В	Т	Л	Ф	Л	У	Ъ	М	Л	Е	С
Н	С	Х	И	П	О	Т	Е	З	А	М	Ь	Н	К
И	Ж	О	Н	Ш	Р	М	О	Л	Е	К	У	Л	И

АТОМ
ХИМИЧЕСКИ
КЛИМАТ
ДАННИ
ЕКСПЕРИМЕНТ
ЕВОЛЮЦИЯ
ФАКТ
МИНЕРАЛ
ГРАВИТАЦИЯ
ХИПОТЕЗА

ЛАБОРАТОРИЯ
МЕТОД
МИНЕРАЛИ
МОЛЕКУЛИ
ПРИРОДА
ОРГАНИЗЪМ
ЧАСТИЦИ
ФИЗИКА
УЧЕН

31 - Chats

```
О П Р Е Ж Д А Л Х Д Й Х Ъ О
И Ф Г Л Л Ю Б О П И Т Е Н П
Н Е З А В И С И М Ш Н М О А
Щ Х Х П М Б Ч Б Ъ Р З И К Ш
Ч Е М А Г А Ш Н Д В Ж Ш Ъ К
Ю Т И Г Й Г Л Д О И Х К Т А
В Н А Ь В Ш Е К Х С Щ А И Ъ
В М Р Х Н Щ Я Е О Е Т Ч В Н
Л У Д И В С Р А М Е Ж Л И В
Ь Н Й Х Р Ш Ъ П И Р К Т Ф С
П Б Н Т Ъ Я Ю Б П Е Б Ж А П
С М Е Ш Н О М С Х Ь М Е Д Я
Ь Я Ш Б Ю Ц Д Б Е Щ Т Й К Н
Ф Л О В Е Ц Ъ Г Ш Ф К Ж А Л
```

ЛОВЕЦ	ЛАПА
ЛЮБОПИТЕН	ЛИЧНОСТ
СПЯ	МАЛКО
СМЕШНО	ОПАШКА
ПРЕЖДА	БЪРЗ
ЛУД	ДИВ
НОКЪТ	МИШКА
НЕЗАВИСИМ	СРАМЕЖЛИВ

32 - Vêtements

О	Ъ	И	Ю	Н	О	М	Л	Т	Е	Р	Ь	П	Е
Ч	Щ	Л	С	П	Ф	Г	Т	Т	Л	Ъ	М	У	Е
Д	Ц	Д	Ч	П	А	Л	Т	О	Г	К	О	Л	Ю
Ш	Ш	С	Ъ	Р	П	И	Ж	А	М	А	Д	О	Й
Р	Т	Я	Х	Е	К	О	Л	А	Н	В	А	В	В
О	Р	И	П	С	П	Г	Б	Щ	К	И	Б	Е	Ю
С	Б	Ж	Х	Т	Ж	Ô	Р	Ъ	А	Ц	Л	Р	Ь
А	Я	У	Н	И	Ъ	Ш	Л	И	А	И	У	И	К
Н	К	И	В	Л	И	Й	П	А	В	Х	З	З	Р
Д	Е	У	И	К	Ш	Т	Ч	Ж	У	Н	А	А	О
А	Р	Г	В	А	А	К	О	Л	И	Е	А	А	К
Л	Н	Ю	Ч	Х	Л	Ш	А	П	К	А	Е	Н	Л
И	П	А	Н	Т	А	Л	О	Н	И	Ф	Л	К	Я
Д	Ъ	Н	К	И	Ю	В	Л	М	Ш	Е	Д	К	Ю

ГРИВНА	ПОЛА
КОЛАН	ПАЛТО
ШАПКА	МОДА
ОБУВКА	ПАНТАЛОНИ
РИЗА	ПУЛОВЕР
БЛУЗА	ПИЖАМА
КОЛИЕ	РОКЛЯ
ШАЛ	САНДАЛИ
РЪКАВИЦИ	ПРЕСТИЛКА
ДЪНКИ	ЯКЕ

33 - Arts Visuels

```
Ч  Х  Т  Д  М  Щ  Г  Ф  О  Ц  Ш  Т  С  П
К  А  В  Х  Р  Б  Щ  И  Ш  Ф  А  Е  Н  Е
Е  Ш  О  К  У  Ъ  С  Л  П  Й  Б  Б  И  Р
Р  Е  Р  Д  М  С  Ж  М  Ш  А  Л  Е  М  С
А  Д  Ч  О  Ц  Б  Т  К  Е  Р  О  Ш  К  П
М  Ь  Е  М  Ч  Ф  Ж  Ш  А  Х  Н  И  А  Е
И  О  С  Ъ  С  Т  А  В  Н  И  Й  Р  С  К
К  В  Т  Б  Г  Щ  П  О  Р  Т  Р  Е  Т  Т
А  Ъ  В  М  В  Л  Л  А  К  Е  И  Ш  А  И
О  Р  О  Ш  О  Й  И  Ж  Ш  К  В  Х  Т  В
Е  Т  Ъ  Ц  С  Л  Н  Н  Ш  Т  А  К  И  А
Б  Ф  Ь  У  Ъ  Ф  И  Ъ  А  У  С  Й  В  Т
У  Н  Ш  Й  К  Ж  В  В  Л  Р  Ч  Ч  А  Щ
С  К  У  Л  П  Т  У  Р  А  А  А  О  К  Р  Ь
```

АРХИТЕКТУРА	ТВОРЧЕСТВО
ГЛИНА	ФИЛМ
КЕРАМИКА	ПЕРСПЕКТИВА
ШЕДЬОВЪР	СНИМКА
СТАТИВ	ШАБЛОН
ВОСЪК	ПОРТРЕТ
СЪСТАВ	СКУЛПТУРА
ТЕБЕШИР	ДРЪЖКА
МОЛИВ	ЛАК

34 - Méditation

```
Ф Ъ Я У Д Ш Л С Т С Е П Д Д
Х С М С М И У Ч Ц П М Р Е П
С Я У Н Н С Ш И Ч О О И П Д
П О З А Н О Т А Р К Ц Е Е В
Н М И В Н Ю Т В Н О И М Р И
А Й К И Л Л Р А Е Е И А С Ж
Б И А Ц Б У Д Е Н Н Ь Н П Е
Л П Р И Р О Д А А Я Н Е Е Н
Ю А В Н И М А Н И Е В Ю К И
Д Б Л А Г О Д А Р Н О С Т Е
Е Р Ъ С Ъ С Т Р А Д А Н И Е
Н Т И Ш И Н А Л Н Ч Ц У В Л
И Ф В Ь Щ Д О Б Р О Т А А И
Е Ю Л Е Ь В Ф Г С Х М И Р Ц
```

ПРИЕМАНЕ	УМСТВЕН
ВНИМАНИЕ	ДВИЖЕНИЕ
СПОКОЕН	МУЗИКА
ЯСНОТА	ПРИРОДА
СЪСТРАДАНИЕ	НАБЛЮДЕНИЕ
ЕМОЦИИ	МИР
БУДЕН	ПЕРСПЕКТИВА
ДОБРОТА	ПОЗА
БЛАГОДАРНОСТ	ДИШАНЕ
НАВИЦИ	ТИШИНА

35 - Littérature

```
Ж М Е Т А Ф О Р А Л Г Д Л Р
С К П Ф Ф Н Д С К Д Е И С И
В Р П В Р Р А М Т Ч Р А У М
Р Н А В Ж Б Г Л Т И О Л Ф А
И Ю П В Ф Й А У О Н Л О П Б
А Ш Ф Т Н Ч Т Н Я Г У Г Т Ш
Н Г Й Х Е Е П О Е Т И Ч Е Н
Е Р И Т Ъ М Н О Д С М Я М Ю
К Я А Ф И З М И С Л И Ц А Р
Д П Н Я Ш А Л Й Е Щ К А О
О С А Б И О Г Р А Ф И Я В М
Т Ф Л Т Р А Г Е Д И Я П Т А
О П И С А Н И Е Ь Т Л Ю О Н
Р А З К А З В А Ч К Ъ Р Р Б
```

АНАЛОГИЯ	МЕТАФОРА
АНАЛИЗ	РАЗКАЗВАЧ
АНЕКДОТ	ПОЕТИЧЕН
АВТОР	РИМА
БИОГРАФИЯ	РОМАН
СРАВНЕНИЕ	РИТЪМ
ОПИСАНИЕ	СТИЛ
ДИАЛОГ	ТЕМА
ИЗМИСЛИЦА	ТРАГЕДИЯ

36 - Nourriture #1

Й	К	К	П	Х	Б	С	О	К	С	А	А	Н	Ч
С	Е	Р	В	Я	Г	О	Д	А	И	О	Ф	Б	Е
М	Б	Ч	У	Я	М	Л	С	А	Л	А	Т	А	С
Л	У	К	Е	Ш	Л	Ш	П	И	Й	Ф	О	Ь	Ъ
Я	М	А	Ь	М	А	П	А	А	Л	Т	Н	Ь	Н
К	Б	Ф	П	Е	И	Р	Н	Х	Б	Е	А	С	Д
О	С	Е	П	С	Ъ	К	А	К	Г	А	К	Р	Ф
Ш	У	И	Д	О	Б	Ъ	К	А	Н	Е	Л	А	П
Д	П	Р	С	М	Ч	Ь	Н	Щ	П	А	В	К	Я
Л	А	Я	Ч	С	Я	Ц	Ъ	Г	Б	С	Д	П	И
И	Ц	М	С	А	Ц	М	Х	Щ	Б	Б	Р	Щ	Ъ
М	О	Р	К	О	В	З	А	Х	А	Р	Я	Я	Ф
О	А	Й	Й	Ь	Ч	Ц	О	Ь	Щ	Ь	П	Л	Х
Н	Р	М	Х	Ж	Ш	Р	Ч	Щ	К	В	А	Щ	И

ЧЕСЪН	РЯПА
БОСИЛЕК	ЛУК
КАФЕ	ЕЧЕМИК
КАНЕЛА	КРУША
МОРКОВ	САЛАТА
ЛИМОН	СОЛ
СПАНАК	СУПА
ЯГОДА	ЗАХАР
СОК	ТОН
МЛЯКО	МЕСО

37 - Jours et Mois

```
Д  П  Ж  М  Н  Л  К  М  Т  П  Щ  Ф  Я  Р
Ф  Е  П  В  О  Т  А  Е  С  О  Ц  Ю  В  Ю
Е  Т  И  Т  Ь  К  Л  С  Е  Н  Я  Ж  С  Щ
В  Ъ  Ш  О  Л  Х  Е  Е  П  Е  Н  Ю  Н  И
Р  К  О  Р  Й  Г  Н  Ц  Т  Д  У  С  У  Р
У  Е  Д  Н  Ю  Щ  Д  Й  Е  Е  А  Я  Л  Ю
А  П  Р  И  Л  Н  А  Ч  М  Л  Р  О  Е  Ю
Р  Т  Р  К  И  Н  Р  Ш  В  Н  И  Р  У  С
И  И  Л  Г  В  Ц  О  П  Р  И  Ш  Ш  А  Ъ
Н  Е  Д  Е  Л  Я  А  Е  И  К  Ж  Е  Ч  Б
О  К  Т  О  М  В  Р  И  М  П  П  Ф  Х  О
Н  Т  С  Е  Д  М  И  Ц  А  В  Г  У  С  Т
Л  Х  Н  Ъ  Р  Ш  Г  Ц  Р  С  Р  Я  Д  А
Н  Ь  Ч  Е  Т  В  Ъ  Р  Т  Ъ  К  И  Б  С
```

АВГУСТ	ВТОРНИК
АПРИЛ	МАРТ
КАЛЕНДАР	СРЯДА
НЕДЕЛЯ	МЕСЕЦ
ФЕВРУАРИ	НОЕМВРИ
ЯНУАРИ	ОКТОМВРИ
ЧЕТВЪРТЪК	СЪБОТА
ЮЛИ	СЕДМИЦА
ЮНИ	СЕПТЕМВРИ
ПОНЕДЕЛНИК	ПЕТЪК

38 - Championnat

Е	В	П	С	Т	Н	Щ	Р	П	Л	У	О	Р	Ш
М	Ш	О	Г	Т	У	К	Х	М	И	Р	Щ	Ц	А
О	Т	Б	О	Р	С	Р	Ц	Ю	Г	Г	Ш	Л	М
Т	Р	Е	Н	Ь	О	Р	Н	П	А	Б	Х	Я	П
И	Г	Д	М	В	О	Л	И	Ь	Н	Н	С	И	
В	З	А	Б	Ю	Д	М	Я	Л	Р	Х	Х	Ъ	О
А	Ф	П	К	Й	Щ	Е	Ю	Т	Р	Я	И	Д	Н
Ц	И	Ю	О	О	Н	Д	Т	П	Р	Я	Х	И	А
И	Н	А	С	Т	Р	А	Т	Е	Г	И	Я	Я	Т
Я	А	С	У	Г	Я	Л	А	Ж	Е	Б	С	Щ	Т
П	Л	М	Б	О	Д	В	Ъ	Ц	Ю	П	П	Ъ	В
Щ	И	М	Ю	А	Ю	Ш	А	М	П	И	О	Н	У
Ь	С	Я	Ж	Ф	Л	Е	Е	Н	И	Г	Р	И	Я
П	Т	Щ	Г	П	Я	Д	Ъ	Е	Е	Ь	Т	Н	Т

ШАМПИОН
ШАМПИОНАТ
ТРЕНЬОР
ОТБОР
ФИНАЛИСТ
ИГРИ
СЪДИЯ
ЛИГА

МЕДАЛ
МОТИВАЦИЯ
СПОРТ
СТРАТЕГИЯ
ТУРНИР
ИЗПОТЯВАНЕ
ПОБЕДА

39 - Pirates

```
У  М  Е  Ч  Ш  Ш  Д  Е  У  Д  Й  Ь  Н  О
С  О  К  Ф  К  Ч  Е  К  А  П  И  Т  А  Н
Ч  Н  И  Л  Л  В  Р  О  М  У  Ъ  Р  Я  Ж
Г  Е  П  О  Е  А  Ц  Т  Е  Ф  Б  Б  Ж  Й
Ш  Т  А  Ш  Д  Г  Г  В  П  В  Д  Е  Ф  Ф
Е  И  Ж  Й  К  Х  Е  А  Р  И  Ш  Л  С  И
О  С  Т  Р  О  В  П  Н  Б  Х  Я  Е  Ъ  А
П  А  П  А  Г  А  Л  Л  Д  Й  Т  Г  К  О
Н  З  О  К  Е  А  Н  И  А  А  Щ  Г  Р  Ь
И  Л  Ъ  А  Ю  Ъ  Н  К  Ь  Ж  О  Н  О  Ч
А  А  Т  Р  О  П  А  С  Н  О  С  Т  В  Е
Ъ  Т  Ф  Т  П  Е  Щ  Е  Р  А  Б  Г  И  И
Ь  О  О  А  Щ  Е  Ю  С  К  Й  В  Х  Щ  У
Щ  Ю  П  Р  И  К  Л  Ю  Ч  Е  Н  И  Е  Ф
```

КОТВА	ОСТРОВ
ПРИКЛЮЧЕНИЕ	ЛЕГЕНДА
КАПИТАН	ЛОШ
КАРТА	ОКЕАН
БЕЛЕГ	ЗЛАТО
ОПАСНОСТ	ПАПАГАЛ
ФЛАГ	МОНЕТИ
МЕЧ	ПЛАЖ
ЕКИПАЖ	РОМ
ПЕЩЕРА	СЪКРОВИЩЕ

40 - Activités

```
У Д О В О Л С Т В И Е Щ У Ь
И З К У С Т В О Р О О Ю М Ф
Е Д Е Й Н О С Т Н С Ж Х Е О
Б Ж Р М А Г И Я Ю Т С М Н Т
Г Р А Д И Н А Р С Т В О И О
М А М Л Ъ Й Ц Т Р У Ц Щ Е Г
Н Й И Я О Й Ч А Ь Р И Ц Ж Р
Н Я К И М В Н Н П И З Ч И А
А У А Г Ч Ф М Ц Ш З А Е В Ф
К Ъ М П И Н Г И И Ъ Н Т О И
В Л В У В Г Ч Ч Е М А Е П Я
Е П М П А Щ Р Т Н Е Я Н И Ш
Р И Б О Л О В И Е Я Т Е С Д
И Н Т Е Р Е С И П Ж И А Е Л
```

ДЕЙНОСТ	ГРАДИНАРСТВО
ИЗКУСТВО	ИГРИ
ЗАНАЯТИ	ЧЕТЕНЕ
КЪМПИНГ	МАГИЯ
КЕРАМИКА	ЖИВОПИС
ЛОВ	РИБОЛОВ
УМЕНИЕ	ФОТОГРАФИЯ
ШИЕНЕ	УДОВОЛСТВИЕ
ТАНЦИ	ТУРИЗЪМ
ИНТЕРЕСИ	

41 - Fleurs

```
Н Ъ С Л Ъ Н Ч О Г Л Е Д Я М
П В Ю А Н Е П Р О З А М В А
Щ А И Ш Г Л У Х А Р Ч Е Г Г
Д В Е Н Ч Е Л И С Т Ч Е Ц Н
Х Е Л И Л И Я Д Е Ф Ь Ч Е О
Я И Т Г А Р Д Е Н И Я Т Ь Л
Р Д Б Е Ж Й Ц Я О Ъ Х Ъ Н И
Щ С О И Л Ь С Л А Л Е Д А Я
П У Ж А С И А Д Ю И У Ъ Р Й
Т Х У В Б К Н Й Е Л М Б Ц К
Д Н Р В Р Р У А П Ь Я У И Ч
О И Д С А Ж А С М И Н К С Л
Л А В А Н Д У Л А Г П Е Е Г
М А Р Г А Р И Т К А Ъ Т Ъ Я
```

БУКЕТ	ОРХИДЕЯ
ГАРДЕНИЯ	МАК
ХИБИСКУС	ВЕНЧЕЛИСТЧЕ
ЖАСМИН	ГЛУХАРЧЕ
НАРЦИС	БОЖУР
ЛАВАНДУЛА	РОЗА
ЛЮЛЯК	СЛЪНЧОГЛЕД
ЛИЛИЯ	ДЕТЕЛИНА
МАГНОЛИЯ	ЛАЛЕ
МАРГАРИТКА	

42 - Nourriture #2

```
У Б А Н А Н Ц Е А Ф Т Ш В Й
М О А Я Я Й Ц Е Х Е П Х Е Й
Е А Д Д Ш Ь К К Л Л Ш Г П Б
О О Н Ъ Е Н И Ь Я И У Ъ А Н
У Щ Ч Г Ф М Х К Б Ъ Н Б Т Ф
Е К Б Р О К О Л И Е К А Л О
К И В И Г Р О З Д Е А С А Р
Ш О К О Л А Д Ф Т Г Н Ь Д И
Г Д М Я П Ш Е Н И Ц А Ъ Ж З
И Р И Б А Д О М А Т М Г А Й
Й Р П Ъ Л Ю У К П Н Д Ш Н Н
Ц Й О Л Ш Ж Т Ч И У С Й Ш П
У Д Ъ К У И Л Ш Л М Б И У Ч
Ф Ю О А Н Я Ч Ч Е Р Е Ш А Е
```

БАДЕМ	КИВИ
ПАТЛАДЖАН	МАНГО
БАНАН	ЯЙЦЕ
ПШЕНИЦА	ХЛЯБ
БРОКОЛИ	РИБА
ЧЕРЕША	ЯБЪЛКА
ЦЕЛИНА	ПИЛЕ
ГЪБА	ГРОЗДЕ
ШОКОЛАД	ОРИЗ
ШУНКА	ДОМАТ

43 - Océan

А	Р	Ч	Ж	В	С	Б	С	Б	Ц	Я	Г	Й	Е
С	К	И	Б	Г	Ъ	Ж	О	У	Ш	Л	Н	Н	Е
К	О	У	Ф	Ъ	М	Л	Л	Р	Д	О	М	И	Е
А	Р	Ф	Л	Б	Ц	Р	Н	Я	К	Д	С	И	М
Р	А	А	Р	А	К	И	В	И	О	К	Щ	В	Т
И	Л	Ъ	С	Ю	Д	Б	Щ	И	С	А	В	О	Е
Д	Е	Л	Ф	И	Н	А	Я	С	Т	Р	И	Д	А
И	З	М	И	О	Р	К	А	Е	Ь	П	О	П	
Ц	Л	И	К	К	Ь	Р	И	И	Н	Б	Б	Р	А
Р	Ъ	Ю	Й	Т	К	Ц	Ф	Т	У	Ъ	Е	А	Х
Я	Х	Ж	Г	О	Ф	Ч	Т	Ж	Р	П	Т	С	Ъ
Р	П	Е	У	П	С	Щ	Ф	О	К	П	О	Л	Д
К	Ъ	Б	Ч	О	У	В	Е	Ч	А	Н	Н	И	Н
К	К	Щ	Р	Д	М	Е	Д	У	З	А	Ч	У	Щ

ВОДОРАСЛИ	МЕДУЗА
ЗМИОРКА	РИБА
КИТ	ОКТОПОД
ЛОДКА	АКУЛА
КОРАЛ	РИФ
РАК	СОЛ
СКАРИДИ	БУРЯ
ДЕЛФИН	ТОН
ГЪБА	КОСТЕНУРКА
СТРИДА	ВЪЛНИ

44 - Remplir

```
Б  Т  Р  Я  В  Ч  В  Ч  М  Ш  Ч  У  Р  А
Я  Л  Д  П  А  Ц  Е  В  О  И  Х  Н  О  В
К  О  Ф  А  З  О  Щ  К  О  Ш  Н  И  Ц  А
У  О  Ж  Ц  А  Ь  Х  К  М  Е  Г  Ч  У  Н
Т  П  Р  Ч  Т  А  В  А  П  Е  У  Д  Ч  А
И  А  С  А  Б  У  Р  К  А  Н  Д  Е  Р  Т
Я  К  Щ  Н  Б  С  Ф  Г  П  Ф  Д  Ж  Р  И
В  Е  Ч  Т  Р  Ъ  Б  А  К  Т  Ж  М  Е  Х
Я  Т  С  А  Л  В  Ц  Б  А  Ш  О  Н  Ш  Л
А  В  П  Л  И  К  У  Ф  А  Р  Б  Г  П  Я
Й  Д  Щ  А  Й  Г  А  Р  В  С  П  Б  Я  Н
К  В  П  У  И  Р  П  Щ  О  Л  Е  Щ  Ц  К
А  Е  М  К  М  Щ  Л  Ц  И  А  П  Й  Й  Т
П  П  С  О  Х  Ж  М  И  Щ  Ю  М  Ш  Н  Р
```

ВАНА	ПАКЕТ
ЦЕВ	ТАВА
БАСЕЙН	ДЖОБ
КУТИЯ	БУРКАН
ШИШЕ	ЧАНТА
ЩАЙГА	КОФА
ПАПКА	ЧЕКМЕДЖЕ
ПЛИК	ТРЪБА
КОРАБ	КУФАР
КОШНИЦА	ВАЗА

45 - Ballet

```
О Т А Н Ц Ь О Р И И П Ю Г И
Р М У З И К А Я П З У Ж Л К
К Х Т Е Х Н И К А Р Б Щ Р Н
Е О С Т И Л А Н Щ А Л Ж С Ж
С Р М О Д Ж А Р Ж З И Е Л Е
Т Е У П Л Т Ь У Б И К С Г П
Ъ О С Т О О Ю Х М Т А Т Ь Р
Р Г К Д Ь З Б А Л Е Р И Н А
Ф Р У Ъ Я П И Я Ю Л Н Щ Х К
И А Л У Ш П Й Т Л Е Й И У Т
Ф Ф И Я Е Ж Ъ П О Н М И Е И
Р И Т Ъ М С Ц Ф М Р И Ъ Д К
Р Я Е Й Р Е П Е Т И Ц И Я А
А П Л О Д И С М Е Н Т И А П
```

АПЛОДИСМЕНТИ	МУЗИКА
БАЛЕРИНА	ОРКЕСТЪР
ХОРЕОГРАФИЯ	ПРАКТИКА
УМЕНИЕ	ПУБЛИКА
КОМПОЗИТОР	РЕПЕТИЦИЯ
ТАНЦЬОРИ	РИТЪМ
ИЗРАЗИТЕЛЕН	СОЛО
ЖЕСТ	СТИЛ
МУСКУЛИТЕ	ТЕХНИКА

46 - Fruit

```
Ж О П О Б М А Н Г О Щ С Н Й
А Ф Ъ Ц А Е С Н П Ж Л Ж Е С
Ю Ж П Ш Н Я Р Л А Г Ж Е К Я
Н Ш Е К А В Р И П Н Ь Ъ Т Б
Г Н Ш К Н Л Ж М А Л А Ъ А Ъ
Г У А В А Н М О Я Р П С Р Л
К А Й С И Я Т Н Т Н Н Р И К
М П О Й К Я Ч Е Р Е Ш А Н А
Щ Т Ф Р Т М Ь М А Л И Н А В
К И В И А С М О К И Н Я Б О
М Х К Ж Н Н Г Р О З Д Е Т К
П Г Щ Н Х Й Ж К Р У Ш А Х А
Ш И И С С А Ю Е Ь П Щ Ъ П Д
У Ф П Р А С К О В А Я Щ А О
```

КАЙСИЯ	КИВИ
АНАНАС	МАНГО
АВОКАДО	ПЪПЕШ
БЕРИ	НЕКТАРИН
БАНАН	ОРАНЖЕВ
ЧЕРЕША	ПАПАЯ
ЛИМОН	ПРАСКОВА
СМОКИНЯ	КРУША
МАЛИНА	ЯБЪЛКА
ГУАВА	ГРОЗДЕ

47 - Surf

```
Л Н Д Е Е О В Ъ П Я Н А Ь З
У А П К П К Т Ъ Л П И Й О А
О Ч Б С Ъ Е Ж Е А Д Ч Р Ш Б
А И И Т Й А С Щ Ж О Д Ц А А
Ч Н Я Р Н Н Ь С И Л А Ъ М В
Щ А В Е С П О Р Т И С Т П Л
С Е Ж М К А Г Й О О Р Ц И Е
Т Щ О Н О В Ь Д Ч Ц М Щ О Н
И Л Т И Р С Щ В П Л Ц А Н И
Л В Ш Н О Г Р Е Б Л О Я Х Е
Ъ Ъ Р Г С Щ И Ч К Й Х Т Щ Ц
Т Л Л Е Т Ю Ф Л Д Ю К И С Х
М Н Р Л М П О П У Л Я Р Е Н
О А Ъ Щ Е Е Б Ц Д О В Ъ Я Х
```

ЗАБАВЛЕНИЕ	ПЯНА
СПОРТИСТ	ОКЕАН
ШАМПИОН	ГРЕБЛО
НАЧИНАЕЩ	ПЛАЖ
СТОМАХ	ПОПУЛЯРЕН
ЕКСТРЕМНИ	РИФ
СИЛА	СТИЛ
ТЪЛПИ	ВЪЛНА
ВРЕМЕ	СКОРОСТ

48 - Technologie

С	Г	Х	Ч	И	Н	Т	Е	Р	Н	Е	Т	О	У
Ъ	О	Ч	Ж	Р	З	К	О	М	П	Ю	Т	Ъ	Р
О	Ь	Ф	К	Д	И	С	П	Л	Е	Й	М	Х	Щ
Б	Б	Б	Т	Щ	Н	Н	Л	К	А	М	Е	Р	А
Щ	Р	А	Ь	У	Ф	К	Щ	Е	Е	К	Р	А	Н
Е	А	Й	Ш	Б	Е	У	Ш	Ш	Д	Ю	Ъ	Ь	Й
Н	У	Т	О	Н	Ф	Р	Р	В	Ш	В	Я	Ъ	М
И	З	О	Щ	У	В	С	И	Л	С	П	А	Б	В
Е	Ъ	В	Е	Ь	Ь	О	Ф	О	Ю	Б	Б	Н	Р
Ц	Р	Е	Д	В	И	Р	Т	У	А	Л	Е	Н	Е
И	Н	Щ	Ф	А	Й	Л	Ю	Ю	Б	О	Ю	А	О
С	И	Г	У	Р	Н	О	С	Т	Б	Г	Л	Б	У
М	И	Ч	Ц	Б	Д	Н	Г	Р	В	И	Р	У	С
П	Б	Я	Т	Ю	Ч	Ц	И	Ф	Р	О	В	Ю	М

ДИСПЛЕЙ	БРАУЗЪР
БЛОГ	ЦИФРОВ
КАМЕРА	БАЙТОВЕ
КУРСОР	КОМПЮТЪР
ДАННИ	ШРИФТ
ЕКРАН	ИЗСЛЕДВАНЕ
ФАЙЛ	СИГУРНОСТ
ИНТЕРНЕТ	ВИРТУАЛЕН
СОФТУЕР	ВИРУС
СЪОБЩЕНИЕ	

49 - Comédie

```
П Д Д Ж О И Х З А Ъ Ф Н Ф А
У Ж П Я У М У А Ж К Ъ Г Л Б
Б Е А Т Ь П М Б Ш Г Т Й Г К
Л Ю К Н И Р О А С О Е Ь Ю П
И Г Т И Р О Р В М О А Ь О А
К Ж Р Й Р В Ж Л Я Р Т Ю Т Р
А О И О С И Т Е Х Р Ъ У Е О
Х С С Т М З К Н Ч Ч Р М Л Д
У Е А Й Е А В И Ц О В Е Е И
М Л Ш Б Ш Ц Ю Е М Щ П Н В Я
К Л О У Н И И Ю Ш Й Ь И И У
Ь С Ю Х О Я Н Н Й Ч Л Ю З С
А П Л О Д И С М Е Н Т И И Т
И З Р А З И Т Е Л Е Н Д Я В
```

АКТЬОР	ХУМОР
АКТРИСА	ИМПРОВИЗАЦИЯ
ЗАБАВЛЕНИЕ	УМЕН
АПЛОДИСМЕНТИ	ПАРОДИЯ
ВИЦОВЕ	ПУБЛИКА
КЛОУНИ	СМЯХ
СМЕШНО	ТЕЛЕВИЗИЯ
ИЗРАЗИТЕЛЕН	ТЕАТЪР
ЖАНР	

50 - Météo

```
Т  М  Ъ  Г  Л  А  О  Б  Л  А  К  С  И  Б
К  Е  Ь  М  Ц  Л  Й  О  Е  К  Х  П  Я  У
Л  Р  М  Е  Ъ  О  У  Ш  Д  Т  Р  О  А  Р
И  Щ  Р  П  Т  О  Р  Н  А  Д  О  К  Т  Я
М  Ж  Ц  Д  Е  М  А  Т  Щ  Щ  И  О  М  М
А  Б  И  Л  Ш  Р  Г  В  Ж  Ж  Ш  Е  О  У
Т  А  П  Б  В  П  А  Я  Ц  Л  Г  Н  С  С
Д  Г  Р  М  О  Н  Т  С  Н  В  Ш  Ф  О
Ш  В  Х  П  К  Л  Х  Ъ  У  Ц  О  С  Е  Н
Ц  М  П  Л  Й  Я  В  Р  Х  Р  У  У  Р  У
Д  Ъ  Г  А  Ц  Р  Н  Ш  Т  В  А  Ш  А  У
Н  А  В  О  Д  Н  Е  Н  И  Е  М  А  Р  В
А  Л  Ф  П  Ш  И  Б  М  Ц  Щ  В  И  Й  Т
Т  Р  О  П  И  Ч  Е  С  К  И  А  К  Н  Ф
```

ДЪГА	УРАГАН
АТМОСФЕРА	ПОЛЯРНИ
МЪГЛА	СУХ
СПОКОЕН	СУША
НЕБЕ	ТЕМПЕРАТУРА
КЛИМАТ	БУРЯ
ЛЕД	ГРЪМ
НАВОДНЕНИЕ	ТОРНАДО
МУСОН	ТРОПИЧЕСКИ
ОБЛАК	ВЯТЪР

51 - Châteaux

```
Ф Д И Н А С Т И Я Ь Р Ч Х Х
Е Д Ъ Т Т Ц А У Е Б И Я В Д
О Ж П Й Ч Ш Я Б Ж Ч Ц Щ И А
Д А Я М К О Р О Н А А Т Й М
А К Р Е П О С Т А О Р Ш Н И
Л А Б Е Д Н О Р О Г Л С Ц О
Е Т Р П Р И Н Ц Х Х И Д Т П
Н А О Г П С Т Е Н А М Р Ж Р
Ъ П Н О Д Б Ю Щ И Т П А Ф И
Ь У Я Г В Т Н М Й Й Е К О Н
Б Л А Г О Р О Д Е Н Р О К Ц
Х Т Ж Ж Р Е О А Ю Ч И Н У Е
Ъ Д А О Е Б Ь Р Л Ъ Я И Л С
У Х Ц Р Ц А Р С Т В О Е А А
```

БРОНЯ	ФЕОДАЛЕН
ЩИТ	КРЕПОСТ
КАТАПУЛТ	ЕДНОРОГ
КОН	СТЕНА
РИЦАР	БЛАГОРОДЕН
КОРОНА	ДВОРЕЦ
ДРАКОН	ПРИНЦ
ДИНАСТИЯ	ПРИНЦЕСА
ИМПЕРИЯ	ЦАРСТВО
МЕЧ	КУЛА

52 - Randonnée

И	К	Ю	К	П	К	Г	Л	Я	Ц	У	А	П	П
Х	С	Т	Ж	Р	Я	Л	М	Ъ	И	Л	Х	Л	О
Ж	К	К	П	И	Й	Ш	Ч	М	И	Т	Ъ	А	Д
Ш	Ш	П	Й	Р	В	Р	Е	М	Е	Б	М	Н	Г
Е	Ч	Ю	Щ	О	Х	О	К	Д	И	В	У	И	О
Щ	Ю	Л	С	Д	Б	О	Т	У	Ш	И	М	Н	Т
Щ	Ь	Ц	О	А	А	М	Е	Н	В	Л	О	А	О
Д	В	П	Х	С	Б	Ш	Ж	Т	И	С	Р	А	В
С	К	А	Л	А	С	Л	Ъ	Н	Ц	Е	Е	С	К
В	Л	Р	Е	М	Х	Р	К	А	М	Ъ	Н	И	А
О	И	К	Ъ	М	П	И	Н	Г	К	А	Р	Т	А
Д	М	О	Р	И	Е	Н	Т	А	Ц	И	Я	Д	Д
А	А	В	Р	Ъ	К	О	В	О	Д	С	Т	В	А
Т	Т	Е	В	Р	Ъ	Х	Б	В	Ю	Х	Ь	П	Г

ЖИВОТНИ	ВРЕМЕ
БОТУШИ	ПЛАНИНА
КЪМПИНГ	ПРИРОДА
КАРТА	ОРИЕНТАЦИЯ
КЛИМАТ	ПАРКОВЕ
ВОДА	КАМЪНИ
СКАЛА	ПОДГОТОВКА
УМОРЕН	ДИВ
РЪКОВОДСТВА	СЛЪНЦЕ
ТЕЖЪК	ВРЪХ

53 - Meubles

```
У Т П Т Ю Й А Х А М А К Ц Т
А Ъ Ю М Щ Н О И Щ Ю Ь У Г Г
Ц Щ Р М Ж Я Ъ С Д С К Р И Н
А Ш П Д Т Д С Р Ф У Т О Н Ч
В Ъ З Г Л А В Н И Ц А О Р Л
О Ц Ъ Ю Ь И Ф Ъ Ъ Ф Й Г Л А
В Ф Ъ М Д И В А Н Ф Ч Л Ъ М
Р Б Ж А Ж Д Ю Ъ Ъ Р А Е Р П
Ц Н Ю Т Ю И Ж Р С К Ъ Д А А
Х П Е Р Д Е Т А К Ш К А Ф Ь
А Щ Ь А О Л Е Г Л О И Л Т К
П Е Й К А Ь Г Щ Ч Е Л О О Й
В Ъ З Г Л А В Н И Ц И Т В И
У У У Е Р Т К Д А А М Ш Е Л
```

ШКАФ	ХАМАК
ПЕЙКА	ЛАМПА
БЮРО	ЛЕГЛО
ДИВАН	МАТРАК
СТОЛ	ОГЛЕДАЛО
СКРИН	ВЪЗГЛАВНИЦА
ВЪЗГЛАВНИЦИ	ПЕРДЕТА
РАФТОВЕ	КИЛИМ
ФУТОН	

54 - Art

Н	Ф	Х	Б	Д	Д	Ъ	С	К	П	Ц	Ш	Ю	И
С	А	О	Я	И	П	Ч	Н	П	Р	О	С	Т	З
Л	К	С	Ъ	С	Т	А	В	Б	Ю	Р	Ю	В	Р
О	Е	У	Т	К	А	Р	Т	И	Н	И	Р	И	А
Ж	Р	В	Л	Р	Ю	Е	Б	Х	Й	Г	Р	З	З
Е	А	И	Д	П	О	Е	З	И	Я	И	Е	У	Х
Н	М	Ю	Л	Ъ	Т	Е	Ж	У	Н	Н	А	А	Ч
И	И	Е	К	Б	Х	У	Н	Ш	Ч	А	Л	Л	Ж
П	Ч	Е	С	Т	Е	Н	Р	И	П	Л	И	Е	С
Щ	Н	У	Д	Д	Щ	Е	О	А	Е	Е	З	Н	В
Ф	И	Г	У	Р	А	Е	Б	В	Т	Н	Ъ	Щ	К
У	К	Ж	Ю	Б	И	К	П	Р	Е	Д	М	Е	Т
Б	Л	Ш	Ж	Н	Ф	Р	О	Ф	Ь	Н	Ъ	Х	Ц
С	И	М	В	О	Л	Ц	Х	В	О	Е	П	Ь	Х

КЕРАМИЧНИ
СЛОЖЕН
СЪСТАВ
ИЗРАЗ
ФИГУРА
ЧЕСТЕН
НАСТРОЕНИЕ
ВДЪХНОВЕН
ОРИГИНАЛЕН

КАРТИНИ
ПОЕЗИЯ
СКУЛПТУРА
ПРОСТ
ПРЕДМЕТ
СЮРРЕАЛИЗЪМ
СИМВОЛ
ВИЗУАЛЕН

55 - Nutrition

```
К Т О К С И Н В К У С Я У С
А Е К А Ч Е С Т В О О Щ Т Я
Л Ч А П Е Т И Т Ъ В Л З Г У
О Н В И Т А М И Н Х У Д Ш Ж
Р О П С Б А Л А Н С И Р А Н
И С Х Р А Н О С М И Л А Н Е
И Т Ж С О П О Д П Р А В К И
З И Щ О Т Т Д У Л У Б Д Г Д
Б Д Л С М Е Е Г О Р Ч И В И
Я Д Р Х Ц Ф Г И Й Й Т Ю Ч Е
Д Х Щ А Н Р П Л Н Г Ч Ю С Т
Н Ъ Р А В Ц Ч Ю О И Щ Н Щ А
И В Ъ Г Л Е Х И Д Р А Т И Ь
Ф Е Р М Е Н Т А Ц И Я Ц О Р
```

ГОРЧИВ	ТЕЧНОСТИ
АПЕТИТ	ТЕГЛО
КАЛОРИИ	ПРОТЕИНИ
ЯДНИ	КАЧЕСТВО
ДИЕТА	ЗДРАВ
ХРАНОСМИЛАНЕ	ЗДРАВЕ
ПОДПРАВКИ	СОС
БАЛАНСИРАН	ВКУС
ФЕРМЕНТАЦИЯ	ТОКСИН
ВЪГЛЕХИДРАТИ	ВИТАМИН

56 - Science Fiction

```
Ц И Е С В Ъ О Б Р А Ж А Е М
Г А Л А К Т И К А М В Б Л П
Ь Я Т Ю Е К С П Л О З И Я О
Ж Е М О З Д И С Т О П И Я Ф
Ь Ж И Ь Ч И О Р А К У Л А А
Т И С В Я Т Я Ц О Ь Ц Б К Н
Ф У Т У Р И С Т И Ч Е Н И Т
Р Т Е Е К С Т Р Е М Н И Н А
О О Р А С Ц Е Н А Р И Й О С
Б П И Т Е Х Н О Л О Г И Я Т
О И О О Ф Ц И И Г Р Щ Я У И
Т Я З М Н У Е Е А Ъ Я Ь Ш Ч
И Ъ Е Е К Н И Г И Т Н Ь Ь Н
О Щ Н Н П Л А Н Е Т А Л Ю О
```

АТОМЕН	ВЪОБРАЖАЕМ
КИНО	КНИГИ
ДИСТОПИЯ	СВЯТ
ЕКСПЛОЗИЯ	МИСТЕРИОЗЕН
ЕКСТРЕМНИ	ОРАКУЛ
ФАНТАСТИЧНО	ПЛАНЕТА
ОГЪН	РОБОТИ
ФУТУРИСТИЧЕН	СЦЕНАРИЙ
ГАЛАКТИКА	ТЕХНОЛОГИЯ
ИЛЮЗИЯ	УТОПИЯ

57 - Professions #1

```
Т  П  Х  Б  П  С  И  Х  О  Л  О  Г  Т  П
В  И  Ш  Л  Б  К  А  Р  Т  О  Г  Р  А  Ф
Щ  А  Б  Ъ  Т  А  Н  Ц  Ь  О  Р  К  А  О
Я  Н  Ч  О  Б  В  Н  Б  И  Ж  У  Т  Е  Р
А  И  Ф  Р  Ж  В  Щ  К  Г  Ц  Р  У  Л  К
К  С  У  Б  Т  Х  А  Ь  Е  П  Ф  Щ  Ц  Ю
М  Т  Н  Ч  Р  Ч  П  И  О  Р  И  Р  Н  С
Й  У  С  Ъ  Е  П  О  С  Л  А  Н  И  К  Й
Т  Ю  З  У  Д  Н  П  Л  О  В  Е  Ц  Я  Л
Ь  Д  Ж  И  А  В  Е  Ц  Г  П  Ъ  П  Г  Е
А  Д  В  О  К  А  Т  Р  Е  Н  Ь  О  Р  К
В  Ц  Г  П  Т  А  С  Т  Р  О  Н  О  М  А
В  Х  У  Д  О  Ж  Н  И  К  Й  Ц  Л  В  Р
П  Ъ  Я  Й  Р  П  А  Т  Ц  Й  Ь  Я  Д  Щ
```

ПОСЛАНИК   ТРЕНЬОР
ХУДОЖНИК   РЕДАКТОР
АСТРОНОМ   ГЕОЛОГ
АДВОКАТ   ЛЕКАР
БАНКЕР   МУЗИКАНТ
БИЖУТЕР   ПИАНИСТ
КАРТОГРАФ   ПСИХОЛОГ
ЛОВЕЦ   УЧЕН
ТАНЦЬОРКА

58 - Géologie

Ш	Щ	С	В	Р	Д	К	В	К	Р	Ж	Щ	М	Й
К	И	Ц	Л	З	Ю	Р	У	С	С	У	О	Ш	Ю
Щ	А	Ц	Ч	О	В	И	Л	Ч	О	Е	А	Е	И
Т	И	Л	А	Н	Й	С	К	Г	Л	К	А	М	О
Н	Д	Б	Ц	А	Б	Т	А	Е	Р	О	З	И	Я
М	А	Б	Н	И	П	А	Н	Й	Е	Н	К	Н	С
К	В	А	Р	Ц	Й	Л	М	З	Д	Т	И	Е	Ъ
О	Л	А	В	А	Ц	И	Я	Е	Й	И	С	Р	У
Р	А	З	Т	О	П	Е	Н	Р	У	Н	Е	А	С
А	С	Т	А	Л	А	К	Т	И	Т	Е	Л	Л	Х
Л	М	И	Н	Е	Р	А	Л	И	Ж	Н	И	Д	К
П	Л	А	Т	О	Ш	М	Г	А	Т	Т	Н	Й	А
А	Ч	Ц	Т	Р	Щ	Ъ	Ц	Й	Ч	М	А	П	Ч
П	Е	Щ	Е	Р	А	К	С	Ф	Р	А	Д	Т	Р

КИСЕЛИНА	ГЕЙЗЕР
КАЛЦИЙ	ЛАВА
ПЕЩЕРА	МИНЕРАЛИ
КОНТИНЕНТ	КАМЪК
КОРАЛ	ПЛАТО
СЛОЙ	КВАРЦ
КРИСТАЛИ	СОЛ
ЕРОЗИЯ	СТАЛАКТИТ
РАЗТОПЕН	ВУЛКАН
МИНЕРАЛ	ЗОНА

59 - Cirque

А	М	П	Л	Д	С	К	А	И	Б	К	Т	Ъ	Г
М	К	А	Б	А	Л	О	Н	И	И	Ч	О	Ц	Ц
А	Т	Р	Г	Ф	О	С	Ю	Д	Л	Т	Р	И	К
Г	И	А	О	И	Н	Т	Л	Т	Е	Й	Ж	М	Ж
Ь	Г	Д	И	Б	Я	Ю	Ж	У	Т	М	О	С	И
О	Ъ	Щ	Р	М	А	М	А	Й	М	У	Н	А	В
С	Р	У	З	Р	И	Т	Е	Л	Л	З	Г	Б	О
Н	П	А	Л	А	Т	К	А	Р	М	И	Л	Р	Т
И	Н	Р	М	Ш	Р	Ъ	Д	Р	Л	К	Ь	Р	Н
К	Щ	Ш	Ш	О	Ь	Ч	Ц	Ф	Ъ	А	О	Ц	И
Й	Е	С	Б	О	Н	Б	О	Н	В	Ч	Р	Я	Ю
Ч	Ц	Ю	Щ	А	Л	Ч	П	Ч	Н	Р	Ъ	Л	О
К	Л	О	У	Н	С	Ю	Е	Х	Ю	Ш	Х	М	Ф
Р	Я	О	Х	Д	И	Ъ	К	М	Щ	И	Д	Х	П

АКРОБАТ	ЛЪВ
ЖИВОТНИ	МАГЬОСНИК
ТРИК	МАГИЯ
БАЛОНИ	МУЗИКА
БИЛЕТ	ПАРАД
БОНБОН	МАЙМУНА
КЛОУН	ЗРИТЕЛ
КОСТЮМ	ПАЛАТКА
СЛОН	ТИГЪР
ЖОНГЛЬОР	

60 - Jardin

Ъ	Щ	Л	Б	Л	Ф	Б	Ъ	Ю	П	Е	Й	К	А
С	К	А	Л	И	У	А	С	Л	О	З	А	П	У
Ф	Ц	В	Е	Т	Е	Т	П	Ч	Ч	И	Ъ	М	Й
Л	О	П	А	Т	А	У	Р	Х	В	У	Ц	Ч	Ж
Ш	Ш	У	Д	Ж	Ж	Т	А	Г	А	Р	А	Ж	С
В	Ч	Х	К	Ж	Б	Е	К	Т	П	М	Щ	Г	Ь
В	Е	Р	А	Н	Д	А	А	Е	Е	Ъ	А	Ь	С
Ф	Я	А	Х	Р	Ъ	Я	Ш	Й	З	Р	Щ	К	Ц
А	Х	С	К	Т	Р	Е	В	А	Р	Е	А	О	Ф
Ф	Ю	Т	Ф	Я	В	Т	А	А	Ц	Г	Р	С	Д
Ф	Ж	Д	П	Х	О	О	Г	Р	А	Д	А	Ц	А
Й	Г	Ц	Г	Р	А	Д	И	Н	А	Б	Ь	И	Е
Ю	Т	Р	Х	В	Ъ	Н	Ъ	И	А	Н	Щ	Ц	О
М	А	Р	К	У	Ч	П	Л	Е	В	Е	Л	И	А

ДЪРВО	ПЛЕВЕЛИ
ПЕЙКА	ЛОПАТА
ХРАСТ	ВЕРАНДА
ОГРАДА	РАКА
ЕЗЕРЦЕ	СКАЛИ
ЦВЕТЕ	ПОЧВА
ГАРАЖ	ТЕРАСА
ХАМАК	БАТУТ
ТРЕВА	МАРКУЧ
ГРАДИНА	ЛОЗА

61 - Barbecues

```
У Ц О А Ь Р Л Й С К А Р А Г
Ж Т Ш С Ф Л Я С О А Г Щ М Г
С Й Р С М Ф Т Й Л Р Л Е Ь М
Г О Р Е Щ Р О К Н Р А А О У
Ш Б С М Я Т Н Х О У Д Ф Т З
П Я В Е Ч Е Р Я Ж И Ч У Л И
Ц Д Е Й К Я П Л О Д О В Е К
В Ш Н С Р К К Ь В Д Е Ц А А
Р Л Щ Т Р У Р Д Е Ь П Ш Ю Ц
П Ъ Ь В В И Ф А О Ь И Д Ъ Ф
В Т Е О С А Г Ъ Л Н Л Д Х Б
Я Л У К Ф А Ю Р Т Е Е Х И Ш
Ш У Ь Д О М А Т И П И П Е Р
З Е Л Е Н Ч У Ц И В Ь Ц Ь Й
```

ГОРЕЩ	ИГРИ
НОЖОВЕ	ЗЕЛЕНЧУЦИ
ОБЯД	МУЗИКА
ВЕЧЕРЯ	ЛУК
ДЕЦА	ПИПЕР
ЛЯТО	ПИЛЕ
ГЛАД	САЛАТИ
СЕМЕЙСТВО	СОС
ПЛОДОВЕ	СОЛ
СКАРА	ДОМАТИ

62 - Anniversaire

```
П  Р  Ч  К  Ц  Й  Ч  М  Ъ  Д  Р  О  С  Т
П  Е  А  Я  П  Р  А  З  Н  И  К  Н  П  О
П  Р  С  Д  К  А  Л  Е  Н  Д  А  Р  О  Р
З  Ь  И  Е  О  Ш  Ф  А  А  Ь  Ь  К  Д  Т
А  Ш  Г  Я  Н  С  Г  О  Д  И  Н  А  А  А
Б  Т  Г  Ш  Т  В  Т  И  Л  Щ  П  Р  Р  П
А  Щ  Н  Д  Р  Е  Х  Е  У  А  Ф  Т  Ъ  Г
В  Д  Е  Н  О  Щ  Л  Д  Н  С  Ю  И  К  Щ
Л  Л  Т  К  Д  И  Ж  И  М  Т  П  Я  Б  В
Е  Ш  Ш  А  Е  А  О  Б  Ж  Л  Р  В  Ж  П
Н  П  Ю  Щ  Н  Т  С  В  Я  И  М  Л  А  Д
И  К  Л  С  И  Ф  Я  Ц  П  В  Ж  Ц  В  Щ
Е  П  О  К  А  Н  И  Е  М  Ч  Ь  А  А  И
Л  Ш  К  Ь  С  П  Е  Ц  И  А  Л  Е  Н  М
```

ПРИЯТЕЛИ	ЩАСТЛИВ
ЗАБАВЛЕНИЕ	ПОКАНИ
ГОДИНА	МЛАД
СВЕЩИ	ДЕН
ПОДАРЪК	РАДОСТЕН
КАЛЕНДАР	РОДЕН
КАРТИ	МЪДРОСТ
ПЕСЕН	СПЕЦИАЛЕН
ПРАЗНИК	ЧАС
ТОРТА	

63 - Animaux de Compagnie

```
Л О Ш О З В О Д А Ж Л Л У В
Б Л К П А И Я В Л Ь Н Ь Ц Е
С Ш Р А Е Р И Б А Щ Г П Щ Т
В К Д Ш К О З А Ф Т У А Н Е
Ю О Н К А И Ш К А Д Щ П О Р
Й Т Р А К У Ч Е Н Ц Е А К И
С К К У Ч Е Х О К Х Р Г Т Н
Т А К С И К О Т Е Р Г А И А
Х А М С Т Е Р Я Й А А Л Т Р
М Щ И Ж В Ц Е К Ю Н С В И Ъ
И Ь Ь Ч У Т С А Ж А Х И А Ф
Ш Р Л С Ю П Ф А Ж Х Ф С Ж Ж
К О С Т Е Н У Р К А Т Д Я Ю
А М С О Ь Щ Л Ф Р Т Й Р Ь Е
```

КОТКА	ЗАЕК
КОТЕ	ГУЩЕР
КОЗА	ХРАНА
КУЧЕ	ПАПАГАЛ
КУЧЕНЦЕ	РИБА
ЯКА	ОПАШКА
ВОДА	МИШКА
НОКТИ	КОСТЕНУРКА
ХАМСТЕР	КРАВА
КАИШКА	ВЕТЕРИНАР

64 - Forêt Tropicale

О	Б	Щ	Н	О	С	Т	Р	Р	М	Ш	Ж	А	Ф
Е	Я	О	Ц	Е	Л	Я	В	А	Н	Е	Р	Б	Б
П	Ш	Ч	Щ	О	Й	К	Ю	Й	Ь	Д	Г	О	Г
Р	Р	Д	Ж	У	Н	Г	Л	А	Н	А	Я	Т	Р
И	Б	Л	И	У	Б	Е	Ж	И	Щ	Е	Ь	А	М
Р	П	Т	И	Ц	И	В	И	Щ	М	С	Д	Н	Ъ
О	Д	У	Б	В	Т	П	О	Б	Л	А	Ц	И	Х
Д	Т	В	В	Я	У	Ь	Ж	Ж	Щ	Ж	Т	Ч	Г
А	Р	А	З	Н	О	О	Б	Р	А	З	И	Е	Е
С	Д	Ж	Б	О	З	А	Й	Н	И	Ц	И	С	Ж
Е	Ь	Е	З	А	П	А	З	В	А	Н	Е	К	Т
М	Т	Н	А	С	Е	К	О	М	И	Е	С	И	Г
Н	А	И	З	Е	М	Н	О	В	О	Д	Н	И	Ю
Г	Щ	Е	Ж	Ц	Е	Н	Е	Н	Н	Й	П	Г	Ж

ЗЕМНОВОДНИ　　　　МЪХ
БОТАНИЧЕСКИ　　　ПРИРОДА
КЛИМАТ　　　　　　ОБЛАЦИ
ОБЩНОСТ　　　　　ПТИЦИ
РАЗНООБРАЗИЕ　　ЦЕНЕН
ВИД　　　　　　　　ЗАПАЗВАНЕ
НАСЕКОМИ　　　　УБЕЖИЩЕ
ДЖУНГЛА　　　　　УВАЖЕНИЕ
БОЗАЙНИЦИ　　　　ОЦЕЛЯВАНЕ

65 - Insectes

```
П Е П Е Р У Д А Т Л А Ь С Ч
Я Е К Т Е Щ Х Л И Ч С У Т Е
М Х Л Е Б А Р К А Ж С Ф Ъ Р
Д Р О С А Ю М Ф А Д Д В Р В
Д Ш А Р М К Ь Я С Б Н П Ш Е
Б Я Б В О Д Н О К О Н Ч Е Й
О Ъ Ф Я К У П П А О С Е Л У
Г Я Л Й А А Л П К П М Л Т У
О С Ь Х М Щ Х Л А Р В А Е Ь
М Ю Я П А Т П Б Л Б Б В Р Х
О К А Л И Н К А Е С Й О М О
Л Ц И К А Д А Г Ц Т М Ц И Ю
К Б Р Ъ М Б А Р Б Ф А Ю Т О
А И А В Ъ Ш К А Н Б Й Ь Т В
```

ПЧЕЛА	БОГОМОЛКА
ХЛЕБАРКА	КОМАР
ЦИКАДА	ПЕПЕРУДА
КАЛИНКА	БЪЛХА
МРАВКА	ВЪШКА
СТЪРШЕЛ	СКАКАЛЕЦ
ОСА	БРЪМБАР
ЛАРВА	ТЕРМИТ
ВОДНО КОНЧЕ	ЧЕРВЕЙ

66 - Ferme #1

```
Т Ш Ш И Я К Р А В А П Я М К
Ч Е Ц Л Т О О С Я Й И К У Д
Ж В Е П С Н К Т Й П Л О Б Г
Ь Р Б Й С Ю Ч А К Щ Е Р И Г
Ь А П Ж П Д Д Л А А И Я Д
Ж Н Ш Д М Ч М О Ч Е Ф З Л Е
М А Г А Р Е А П Д Б Ф Д Ю К
Н М В У Х Л Д О Л Ш М О В О
К П Ъ Д Д А Ж Л В Ж Е Л Ж З
Г В Ч Д Г М Т Е Л Е Ж И П А
С В О Г Р А Д А Ш Т К М Ф Л
Е О У Ь Ф Б И З О Н Л У И Х
Н Д Я Ш Л Я С В И Н Я У Ч А
О А Л Е Ж П Х У И С Т О Р Е
```

ПЧЕЛА	ВРАНА
МАГАРЕ	ВОДА
БИЗОН	ТОР
ПОЛЕ	СЕНО
КОТКА	МЕД
КОН	ПИЛЕ
КОЗА	ОРИЗ
КУЧЕ	СТАДО
ОГРАДА	КРАВА
СВИНЯ	ТЕЛЕ

67 - Escalade

```
Е  В  Н  А  Р  А  Н  Я  В  А  Н  Е  С  Ф
П  К  Л  Е  Л  Ъ  Х  Б  Т  Т  Ж  Ф  Т  П
В  И  С  О  Ч  И  Н  А  М  М  Ч  И  А  Б
Т  Т  У  П  Е  Щ  Е  Р  А  О  Р  З  Б  Щ
У  Е  Ц  Й  Е  О  М  Л  А  С  Ъ  И  И  Т
Р  Р  Й  О  Р  Р  Р  Ш  Ж  Ф  К  Ч  Л  Е
И  Е  О  В  Ь  Я  Т  Ш  Я  Е  О  Е  Н  С
З  Н  Ъ  Б  О  Т  У  Ш  И  Р  В  С  О  Е
Ъ  М  Х  Ъ  У  Ф  Ю  Ю  А  А  О  К  С  Н
М  Щ  У  Х  Ц  Ч  Ч  П  Ш  Н  Д  И  Т  К
К  А  С  К  А  Е  Е  П  Б  К  С  И  Л  А
Д  К  К  Р  Ц  О  Р  Н  Н  Ю  Т  К  С  А
К  А  Р  Т  А  Ч  Я  Ъ  И  Ш  В  Л  Ф  Н
Р  Ъ  К  А  В  И  Ц  И  С  Е  А  Ч  Ж  Ф
```

ВИСОЧИНА	ОБУЧЕНИЕ
АТМОСФЕРА	РЪКАВИЦИ
НАРАНЯВАНЕ	ПЕЩЕРА
БОТУШИ	РЪКОВОДСТВА
КАРТА	ФИЗИЧЕСКИ
КАСКА	ТУРИЗЪМ
ЕКСПЕРТ	СТАБИЛНОСТ
ТЕСЕН	ТЕРЕН
СИЛА	

68 - École #2

```
Г Н А У К А В М Д М К П Ш С
Р О Б У В К И О Ч Е Л Ъ Ц Й
А Ж П Ь Й О Ч Л К Н И Г И Е
М Р В И Ь О С И Н В Т Б О П
А А Е Ь С Ф В О Л Е Ю Б П
Т К Я Ч Ц А Д О Ц Ф Р С Р Р
И У В Ю Н Х Н Т О Я А М А В
К И Г Р И И А Е Ч Я Т Р З А
А Ь Й Р Щ Л К Р Е В У У О В
Ь П Т К О М П Ю Т Ъ Р Ч В Т
Д Е Й Н О С Т И Е И А И А О
К А Л Е Н Д А Р Н А Я Т Н Б
Н О Ж И Ц А Ъ О Е Щ О Е И У
М А Т Е М А Т И К А П Л Е С
```

ДЕЙНОСТИ	ГРАМАТИКА
АВТОБУС	ИГРИ
КАЛЕНДАР	ЧЕТЕНЕ
ОБУВКИ	ЛИТЕРАТУРА
НОЖИЦА	КНИГИ
МОЛИВ	МАТЕМАТИКА
РЕЧНИК	КОМПЮТЪР
УЧИТЕЛ	ХАРТИЯ
ПИСАНЕ	НАУКА
ОБРАЗОВАНИЕ	

69 - Antarctique

```
Ф О С З А П А З В А Н Е З Ъ
Ъ Е Х Ш Ж Т Д Р Е У Ъ К А Д
Ш Е К В М И Н Е Р А Л И Л С
Щ Ь Н С М Ц М С Г Р Ю Т И Р
Т Ю Х Ш П И К И К Ь М О В Е
Ж Н А У Ч Е Н Ж Г А Ъ В Д Д
Ш Ф В О К В Д Й У Р Л Е Д А
О С Т Р О В И И Я Д А И Ч Й
Л Е Д Н И Ц И А Ц Й Ю Ц С Т
Г Е О Г Р А Ф И Я И О У И Т
К О Н Т И Н Е Н Т Я Я П П Я
Т Е М П Е Р А Т У Р А В Т Е
П О Л У О С Т Р О В О Д А М
И З С Л Е Д О В А Т Е Л Д Д
```

ЗАЛИВ	ЛЕДНИЦИ
КИТОВЕ	ОСТРОВИ
ИЗСЛЕДОВАТЕЛ	МИГРАЦИЯ
ЗАПАЗВАНЕ	МИНЕРАЛИ
КОНТИНЕНТ	ПТИЦИ
ВОДА	ПОЛУОСТРОВ
СРЕДА	СКАЛИСТ
ЕКСПЕДИЦИЯ	НАУЧЕН
ГЕОГРАФИЯ	ТЕМПЕРАТУРА
ЛЕД	

70 - Professions #2

```
У Ч И Т Е Л Ц Р Н П Х М Л Й
Х З Ъ Б О Л Е К А Р И Ф Р А
Ф И Л О С О Ф Ь К Ф Р Л Щ Ъ
А С Т Р О Н А В Т О У Б О Й
Ж У Р Н А Л И С Т Т Р И Р Т
Г Р А Д И Н А Р А О Г О Е Л
Д Е Щ Ь У И Я Г А Г С Л Д И
З О О Л О Г Н Р М Т О Е Н
Н О А С Ш У Т Ж Л А Я Г Т Г
Х У Д О Ж Н И К Е Ф Ь М Е В
К В Й У В П М Д К Н Т Щ К И
И З С Л Е Д О В А Т Е Л Т С
Ю И Ш Т О Б Ж Б Р Х О Р И Т
И З О Б Р Е Т А Т Е Л Щ В Г
```

АСТРОНАВТ	ГРАДИНАР
БИОЛОГ	ЖУРНАЛИСТ
ИЗСЛЕДОВАТЕЛ	ЛИНГВИСТ
ХИРУРГ	ЛЕКАР
ЗЪБОЛЕКАР	ХУДОЖНИК
ДЕТЕКТИВ	ФИЛОСОФ
УЧИТЕЛ	ФОТОГРАФ
ИНЖЕНЕР	ПИЛОТ
ИЗОБРЕТАТЕЛ	ЗООЛОГ

71 - Les Abeilles

```
Ь Н Е Д Л К Ж К Б В Й Р Ц Ц
В А К И Б О Щ Ш С П Б Ъ Щ В
Р С О М П Н П О Л Е З Н О Е
Ъ Е С У Р Х К Р А Л И Ц А Т
М К И Х Р А Н А А В Е Е П Я
Ж О С Л Ъ Н Ц Е Ч Ш О Н Х М
И М Т Ш Т Й Х Ъ Ч Ю И С Ц Е
С О Е Р Б У Х П Й М Б Т Ъ Д
У Ш М Щ А Ш М Ц Р О Я К Е К
Ъ Р А З Н О О Б Р А З И Е Л
П П Л О Д О В Е К Б Ш Д Н Ч
К О Ш Е Р Ш К Р И Л А Е А Е
Г Р А Д И Н А Г П О Я Г Ц Б
Р А С Т Е Н И Я В И Ц Н Т Х
```

КРИЛА
ПОЛЕЗНО
ВОСЪК
РАЗНООБРАЗИЕ
РОЯК
ЕКОСИСТЕМА
ЦВЕТЯ
ПЛОДОВЕ
ДИМ
НАСЕКОМО

ГРАДИНА
МЕД
ХРАНА
РАСТЕНИЯ
ПРАШЕЦ
ОПРАШИТЕЛ
КРАЛИЦА
КОШЕР
СЛЪНЦЕ

72 - Dinosaures

```
Ъ Ц Ж Е А А Д Н А Ь Р П Ь Ю
Е Ч Ч Ш М Ф С М Ф В Ч Б Б Т
Ъ Ч Ч Л Л Й В К Ж Ю Л Д Ж У
И В Е А Т Н С Е Г О Л Я М В
Е З Р Г Т Р Е В О П А С Е Н
З В Ч Ж П Л Я Ч К А Е Я А О
Ц Е О Е Ь Ф Д Й Р Ш Т Х Х Г
Ф Ш М Л З В Н С И К Ш У Х Р
У М Х Я Ю В И Д Л А О Ш Р О
М О Щ Е Н Ц А М А М У Т А М
Б Е Я К Ъ Г И Н У Ц Ю Ж З Е
В Л Е Ч У Г О Я Е Х Й Ж М Н
П О Р О Ч Е Н Й О А К Ь Е Х
Г О Ш Ю Ч И М И И О Ь О Р Ц
```

КРИЛА	ВСЕЯДНИ
ИЗЧЕЗВАНЕ	ПЛЯЧКА
ВИД	МОЩЕН
ОГРОМЕН	ОПАШКА
ЕВОЛЮЦИЯ	ВЛЕЧУГО
ГОЛЯМ	РАЗМЕР
ТРЕВОПАСЕН	ЗЕМЯ
МАМУТ	ПОРОЧЕН

73 - Conduite

П	О	Л	И	Ц	И	Я	Б	Щ	К	Ф	Щ	Т	Щ
Л	И	Ц	Е	Н	З	С	Е	В	Ю	Ф	М	Р	Б
П	Ь	У	Б	Х	Л	Ь	З	А	Н	О	Г	А	Х
Я	М	Н	Н	Щ	Г	Г	О	Р	И	В	О	Н	Ж
Я	А	К	А	Р	Т	А	П	Я	Й	К	П	С	С
Т	Т	У	Н	Е	Л	М	А	Ъ	О	А	А	П	К
К	Р	М	О	Т	О	Р	С	М	Т	М	С	О	О
М	И	А	Ъ	А	Я	В	Н	Л	Ъ	И	Н	Р	Р
Т	Ц	О	Ф	Х	Х	К	О	Ц	Ь	О	О	Т	О
В	А	П	Т	И	Ц	Ч	С	Й	Г	Н	С	Ф	С
А	Е	Ф	Й	Ш	К	Щ	Т	П	А	А	Т	Г	Т
П	Е	Ш	Е	Х	О	Д	Е	Ц	З	Б	Р	М	Л
Й	Ш	З	Л	О	П	О	Л	У	К	А	Л	А	Щ
С	П	И	Р	А	Ч	К	И	С	Щ	Е	Щ	Ц	Ж

ЗЛОПОЛУКА	МОТОР
КАМИОН	ПЕШЕХОДЕЦ
ГОРИВО	ПОЛИЦИЯ
КАРТА	ПЪТ
ОПАСНОСТ	БЕЗОПАСНОСТ
СПИРАЧКИ	ТРАФИК
ГАРАЖ	ТРАНСПОРТ
ГАЗ	ТУНЕЛ
ЛИЦЕНЗ	СКОРОСТ

74 - Plantes

Н	Х	Б	Р	Ъ	Ш	Л	Я	Н	Б	Ъ	П	Й	Ь
Ж	Ш	Р	О	М	Ф	И	Н	П	Щ	Г	Д	Т	Г
Л	Г	Ь	А	Ц	Т	С	У	И	Г	К	Л	А	Р
И	Ч	Г	И	С	Ф	Е	В	Д	Т	О	Р	Ц	А
С	Ю	Ч	О	Й	Т	Ф	Е	В	М	Р	Р	Щ	Д
Т	Д	Я	С	Б	О	Б	Н	М	Л	Е	Щ	А	И
Д	Ъ	Р	В	О	Ц	Н	Ч	О	Р	Н	В	Р	Н
Б	Е	Р	И	Т	В	С	Е	М	В	Х	Х	А	А
И	Б	Ц	Ь	А	Е	Р	Л	Ъ	А	Ю	И	С	Ф
Я	А	И	Ф	Н	Т	Ж	И	Х	И	Ц	И	Т	Й
Ъ	М	Щ	Л	И	Е	Р	С	Ж	Л	Л	Т	А	В
А	Б	Й	О	К	А	К	Т	У	С	Ь	Ц	В	Ъ
Щ	У	Н	Р	А	А	Ш	Ч	М	В	Й	Г	Ц	Й
М	К	О	А	И	Я	К	Е	Ь	Р	Ю	Е	А	Д

ДЪРВО   ГОРА
БЕРИ   РАСТА
БАМБУК   БОБ
БОТАНИКА   БИЛКА
ХРАСТ   ГРАДИНА
КАКТУС   БРЪШЛЯН
ТОР   МЪХ
ЛИСТ   ВЕНЧЕЛИСТЧЕ
ЦВЕТЕ   КОРЕН
ФЛОРА

75 - Ferme #2

```
Х  Р  А  Н  А  Ж  Л  Ж  Р  Ч  Г  Г  Й  Ц
Ф  Е  Р  М  Е  Р  И  Л  А  М  А  Х  Ъ  А
А  Ь  Д  Р  Б  Т  В  В  Ф  Г  Ъ  Х  О  Р
Г  Й  Т  М  П  Р  А  Ж  О  В  Ц  А  К  Е
Н  Ъ  О  Л  Ь  А  Д  П  А  Т  И  Ц  А  В
Е  А  С  Я  С  К  А  Л  П  А  Н  М  Й  И
Т  Ь  П  К  Й  Т  Ч  Е  Л  Ж  Щ  И  С  Ц
Ъ  И  Я  О  И  О  К  В  О  Ц  Л  С  А  А
Ш  Я  Е  П  Я  Р  Е  Н  Д  П  Е  А  С  Х
Л  К  Я  Т  Р  В  Ъ  Я  О  В  Ч  А  Р  Ч
Т  О  Ю  Ф  Ф  Е  А  Ь  В  Ю  Е  Л  Ш  Х
П  Ш  Е  Н  И  Ц  А  Н  Е  Т  М  Д  Р  Л
Ч  Е  В  Ж  Я  Ф  М  Р  Е  Н  И  Н  К  Ж
Ж  Р  Ф  З  Е  Л  Е  Н  Ч  У  К  С  О  Т
```

АГНЕ	ЛАМА
ФЕРМЕР	ЗЕЛЕНЧУК
ЖИВОТНИ	ЦАРЕВИЦА
ОВЧАР	ОВЦА
ПШЕНИЦА	ХРАНА
ПАТИЦА	ГЪСКИ
ПЛОДОВЕ	ЕЧЕМИК
ПЛЕВНЯ	ЛИВАДА
НАПОЯВАНЕ	КОШЕР
МЛЯКО	ТРАКТОР

76 - École #1

```
К Л А С В Я П Ц Ц Х Ф С Е М
З Т М Ь А Е Ю А Ю Т Ч Т Д А
Х А Р Т И Я И М П Щ Ж О Ь Р
М З Б Ю Р О О Ш Я К Ъ Л У К
А Б И А Щ К А Щ Ч О И О Ч Е
Т У Б Г В Ъ К И З П И Т И Р
Е К Л М М Л Й У Б Р Г Г Т И
М А И Д О Щ Е Р Ю И О О Е В
А Ш О Щ Л Б Л Н У Я К В Л В
Т Ч Т Ж И Н Я У И Т Н О В П
И Ж Е Д В Б Х Д Ч Е И Р У Г
К С К М Б В У Щ У Л Г И Ъ Ч
А Щ А Щ Ш А Т В Х И И Р Ь Б
В И К Т О Р И Н А Ч Т Ь Г М
```

АЗБУКА	УЧИТЕЛ
ПРИЯТЕЛИ	ИЗПИТИ
ЗАБАВЛЕНИЕ	КНИГИ
БИБЛИОТЕКА	МАРКЕРИ
БЮРО	МАТЕМАТИКА
СТОЛ	ХАРТИЯ
МОЛИВ	ВИКТОРИНА
ОБЯД	ОТГОВОРИ
ПАПКИ	КЛАС

77 - Vacances #2

```
Е  Т  Ь  У  К  А  Р  Р  С  Ц  С  И  Ь  У
А  Т  С  С  Ь  Й  Л  Е  Т  И  Щ  Е  Я  Б
Щ  Ъ  Б  Т  Р  А  Н  С  П  О  Р  Т  В  О
С  В  А  Х  Д  Е  С  Т  И  Н  А  Ц  И  Я
С  Ь  М  К  В  Ж  Ф  О  Р  Щ  И  Р  Е  К
У  П  О  Б  Ч  Б  Ь  Р  Ж  Ч  Ь  Е  Ч  Ъ
П  А  С  П  О  Р  Т  А  К  С  И  З  У  М
Р  Л  Т  Н  Н  В  Ш  Н  Д  Б  Ш  Е  Ж  П
А  А  Р  М  И  Н  Ю  Т  И  Е  Н  Р  Д  И
З  Т  О  М  О  М  П  Л  А  Ж  Ч  В  Е  Н
Н  К  В  В  У  Р  К  А  Р  Т  А  А  Н  Г
И  А  Л  Ь  И  Л  Е  И  Г  Ш  А  Ц  Е  И
К  У  А  В  И  З  А  Е  В  Р  Щ  И  Ц  М
Р  Ь  К  В  Х  О  Т  Е  Л  И  П  И  В  И
```

ЛЕТИЩЕ	ПЛАЖ
КЪМПИНГ	РЕСТОРАНТ
КАРТА	РЕЗЕРВАЦИИ
ДЕСТИНАЦИЯ	ТАКСИ
ЧУЖДЕНЕЦ	ПАЛАТКА
ХОТЕЛ	ВЛАК
ОСТРОВ	ТРАНСПОРТ
МОРЕ	ПРАЗНИК
ПАСПОРТ	ВИЗА
СНИМКИ	

78 - Temps

С	К	О	Р	О	Ю	С	В	Р	Ь	Ь	Я	Й	Л
Л	А	Р	Б	Ж	И	Е	Е	П	Й	С	Ж	С	Ъ
Е	Л	П	С	Я	Ш	Д	К	Т	Й	Ч	О	Ъ	Н
Д	Ф	Б	И	Ь	Д	М	В	Я	М	Х	В	У	О
К	Б	О	А	Ъ	К	И	Ч	В	В	Д	Ф	Я	Щ
Ф	Д	Г	Ш	Ц	О	Ц	Б	Г	Ж	Г	И	О	Ш
К	М	Е	Е	Й	А	А	Е	Х	Е	О	С	Я	Д
Щ	В	Р	Н	Б	Х	Х	Ц	И	Г	Д	Н	Ч	Н
А	П	Т	Ш	Ю	Ъ	Н	Й	И	Ж	И	Р	А	Ю
М	Р	Н	Ф	Г	О	Д	И	Н	А	Ш	Щ	С	В
Д	Е	С	Е	Т	И	Л	Е	Т	И	Е	С	Е	Ч
К	Д	С	У	Т	Р	И	Н	Щ	С	Н	Ъ	Г	Е
М	И	Н	У	Т	А	К	А	Л	Е	Н	Д	А	Р
Ч	А	С	О	В	Н	И	К	М	Е	С	Е	Ц	А

ГОДИНА	ЧАСОВНИК
ГОДИШЕН	ДЕН
СЛЕД	СЕГА
ПРЕДИ	СУТРИН
СКОРО	ОБЯД
КАЛЕНДАР	МИНУТА
ДЕСЕТИЛЕТИЕ	МЕСЕЦ
БЪДЕЩЕ	НОЩ
ЧАС	СЕДМИЦА
ВЧЕРА	ВЕК

79 - Maison

```
П Р О З О Р Е Ц Щ Ъ Е К Е Л
Г Е К А М И Н А Ф Щ П И Б А
С А Р Ъ У Й М Н К Р Ф Л И М
Т Т Р Д К Л Ю Ч О В Е И Б П
А О Е А Е К Г Е О И Н М Л А
Я Г Л Н Ж Т Р К У Х Н Я И Т
Г Р А Л А Я А В Р А Т А О А
У А О Г Л Е Д А Л О Щ И Т В
О Д М А З Е И Н Щ Ю Н Т Е А
К А Х Е М Л Н У Б Б С С К Н
П О К Р И В А С М Ь Г Г А У
Н М Ф А Д А Ч И Я Й Д Ю О Ц
С Д У Ш П Ь Д С Х Т У А У Я
М Е Т Л А Е К Ъ Р С У Р Ь Г
```

МЕТЛА	ГРАДИНА
БИБЛИОТЕКА	ЛАМПА
СТАЯ	ОГЛЕДАЛО
КАМИНА	СТЕНА
КЛЮЧОВЕ	ТАВАН
ОГРАДА	ВРАТА
КУХНЯ	ПЕРДЕТА
ДУШ	МАЗЕ
ПРОЗОРЕЦ	КИЛИМ
ГАРАЖ	ПОКРИВ

80 - Légumes

```
Ч  К  Ч  О  Ц  Ш  Ш  П  Е  Ю  С  Д  Л  А
О  Е  Р  Е  П  И  Ч  К  А  Р  А  Ж  Б  Ю
У  Ъ  С  А  С  П  А  Н  А  К  Л  И  Ж  М
Д  Т  У  Ъ  С  Г  Ъ  Б  А  Т  А  Н  О  А
О  И  Ш  А  Н  Т  И  К  В  А  Т  Д  Д  Г
М  С  А  Р  Л  Л  А  Ц  Ш  О  А  Ж  П  Д
А  М  Л  Т  Ц  У  Щ  В  Ц  Е  Л  И  Н  А
Т  А  О  И  Б  К  М  Ь  И  Н  Й  Ф  М  Н
Ж  С  Т  Ш  Г  Р  А  Х  В  Ц  И  И  О  О
Ъ  Л  М  О  Р  К  О  В  Ю  Ш  А  Л  Е  З
Р  И  Ш  К  Ц  Я  Я  К  Х  Т  Р  Р  Ю  Е
Е  Н  Г  О  П  С  Ъ  Я  О  Щ  Б  Я  Й  Б
П  А  Т  Л  А  Д  Ж  А  Н  Л  Ш  П  Р  Р
Х  И  Ц  Й  Ш  Ц  Щ  Т  Я  Ю  И  А  У  Ч
```

ЧЕСЪН	СПАНАК
АРТИШОК	ДЖИНДЖИФИЛ
ПАТЛАДЖАН	РЯПА
БРОКОЛИ	ЛУК
МОРКОВ	МАСЛИНА
ЦЕЛИНА	МАГДАНОЗ
ГЪБА	ГРАХ
ТИКВА	РЕПИЧКА
КРАСТАВИЦА	САЛАТА
ШАЛОТ	ДОМАТ

81 - Plage

```
Ъ П Г Б Ч Ь Е К Ч Я М Н С Я
О Л П Щ С А Н Д А Л И Л И Б
Ш А Ц Ъ К Ш Д Х В Е Е Р Щ Я
Ч Т Г Ф Ф Е А Ъ Х П Я С Ъ К
Х Н Ъ Р А Ц Р К Р Ю П Л Д Н
Ш О Ъ Я О С Т Р О В У Ъ Л Д
К Х Л А Г У Н А Р О Ю Н Д О
Ц О Ж М Д Т М Й Л Ф К Ц М К
Ж Д Ф Л И М И Б Ж А Ъ Е П С
Е К Ж О Ч Щ А Р М О Р Е А И
Р А Л Д Щ Т Ч Е Р У П К И Н
С И П К Ш С С Ж А Ъ Ч Д Ю О
Ц Ъ Ф А К О Ю И К Ъ Р П А В
Л Л К Ж А Х Ф Е С П Х Г Т Т
```

ЛОДКА	ОКЕАН
СИН	ЧАДЪР
ЧЕРУПКИ	РИФ
КРАЙБРЕЖИЕ	ПЯСЪК
РАК	САНДАЛИ
ДОК	КЪРПА
ОСТРОВ	СЛЪНЦЕ
ЛАГУНА	ПЛАТНОХОДКА
МОРЕ	

82 - Famille

С	П	Р	Е	Д	Ш	Е	С	Т	В	Е	Н	И	К
Д	Ъ	Б	Р	А	Т	О	В	Ч	Е	Д	С	Н	Х
Е	О	П	С	В	Ъ	Л	Л	С	Й	Д	Я	Д	О
Т	В	Я	Р	Е	Н	Д	О	Я	Ж	Е	Н	А	П
С	Е	Х	Ю	У	Ц	П	Ч	У	Ь	Ц	П	Ю	Х
Т	У	Ц	П	К	Г	М	И	Д	С	А	Л	Ц	С
В	Б	А	Щ	И	Н	А	Ч	С	Е	Е	Е	Щ	Д
О	И	А	О	К	Ъ	Й	О	Р	С	Т	М	А	Ъ
Щ	М	Г	Б	Л	Г	К	К	Ь	Т	Т	Е	Б	Р
К	Я	Я	Б	А	Щ	А	Г	Т	Р	Ж	Н	И	Ю
П	Л	Е	М	Е	Н	Н	И	Ц	А	Е	Н	Ш	Ч
Л	Е	Л	Я	М	А	Й	Ч	И	Н	Н	И	М	Ш
Д	Ъ	Щ	Е	Р	Я	Й	Й	О	Н	С	К	Ф	Ц
Р	Й	Е	Ч	Л	А	Б	Р	А	Т	К	К	М	П

ПРЕДШЕСТВЕНИК	СЪПРУГ
БРАТОВЧЕД	МАЙЧИН
ДЕТСТВО	МАЙКА
ДЕТЕ	ПЛЕМЕННИК
ДЕЦА	ПЛЕМЕННИЦА
ЖЕНА	ЧИЧО
ДЪЩЕРЯ	БАЩИНА
БРАТ	БАЩА
БАБА	СЕСТРА
ДЯДО	ЛЕЛЯ

83 - Oiseaux

```
А А А С О Ч Ч Ч А Й К А П Ч
Е Т Ф Н Ь У Ж Т И Я Й Ц Е Д
И Л Р Е Ь Т У К А Н В В Л Й
Л Й П Ю Д П А П А Г А Л И П
В Е Х И Ф Л А М И Н Г О К А
Г Ъ С К А Е Г Ч М Л Ъ Ф А Т
Й К С В Й Б Ъ А Щ Ч Е Х Н И
В В Й О Р Е Л П Р Н Ф Л Т Ц
Щ Р Р Ь А Д Ъ Л А В Е Г Я А
Ъ Ш А Я Е О Б А У У А Г Й С
Р Н Й Б Й Ъ И Щ С Б Ю Н О Г
К Ф Ю С Ч К У К У В И Ц А Ф
Е П А У Н Е П И Н Г В И Н Д
Л Ь А Ъ Ж Ж Ц В Я Ч Ю Ч Р К
```

ОРЕЛ	ПИНГВИН
ЩРАУС	ВРАБЧЕ
ПАТИЦА	ЧАЙКА
ЩЪРКЕЛ	ЯЙЦЕ
ГЪЛЪБ	ГЪСКА
ГАРВАН	ПАУН
КУКУВИЦА	ПАПАГАЛ
ЛЕБЕД	ПЕЛИКАН
ФЛАМИНГО	ПИЛЕ
ЧАПЛА	ТУКАН

84 - Disciplines Scientifiques

```
Н  С  Т  Е  К  О  Л  О  Г  И  Я  У  И  Б
Е  О  Е  Б  Б  А  Б  К  Л  Х  Ш  Л  Ш  М
В  Ц  Р  И  О  С  У  Х  И  М  И  Я  Ф  Е
Р  И  М  О  И  Т  Ж  Д  Н  Л  Д  М  М  Т
О  О  О  Л  М  Р  А  Х  Г  Щ  Л  И  Ф  Е
Л  Л  Д  О  У  О  Б  Н  В  И  М  Н  Ш  О
О  О  И  Г  Н  Н  И  В  И  Ж  Е  Е  А  Р
Г  Г  Н  И  О  О  О  Ж  С  К  Х  Р  Н  О
И  И  А  Я  Л  М  Х  Е  Т  В  А  А  А  Л
Я  Я  М  Я  О  И  И  Б  И  Ч  Н  Л  Т  О
А  Ф  И  Ф  Г  Я  М  Ш  К  Н  И  О  О  Г
Е  О  К  Х  И  У  И  У  А  С  К  Г  М  И
Я  Д  А  О  Я  С  Я  Щ  Б  М  А  И  И  Я
Ф  И  З  И  О  Л  О  Г  И  Я  С  Я  Я  А
```

АНАТОМИЯ	ЛИНГВИСТИКА
АСТРОНОМИЯ	МЕХАНИКА
БИОХИМИЯ	МЕТЕОРОЛОГИЯ
БИОЛОГИЯ	МИНЕРАЛОГИЯ
БОТАНИКА	НЕВРОЛОГИЯ
ХИМИЯ	ФИЗИОЛОГИЯ
ЕКОЛОГИЯ	СОЦИОЛОГИЯ
ИМУНОЛОГИЯ	ТЕРМОДИНАМИКА

85 - Émotions

```
Й С К У К А Т Р Р Н Й Ц Б Й
Т П Н Я Ц Е Щ А А Р Ж О Л И
И О Г Н Я В С З Д Ю Г Я А Ь
Е К Ш Т Л Ц П В О Х С Р Г Г
Щ О Р О С Х О Ъ С Е Т В О И
Е Й Т В Ш Ж К Л Т Д Р Ш Д С
Ц С Д Ъ Щ Х О Н Ю Х А Ц А И
И Т Ъ О Г Б Е У Щ Б Х С Р М
Щ В Щ Е Б А Н В П Х О Р Е П
М И Р Д С Р Ф А В Б Н В Н А
Х Е Ж Б У Р О Н Е Ж Н О С Т
Д О В О Л Е Н Т Д П К Б Ф И
И З Н Е Н А Д А А Ь С К М Я
Ж В Ъ Е Н М Ц Ю Ъ Ю Д Ъ А Ц
```

ЛЮБОВ	СТРАХ
СПОКОЕН	БЛАГОДАРЕН
ГНЯВ	ДОВОЛЕН
СКУКА	ИЗНЕНАДА
РАЗВЪЛНУВАН	СИМПАТИЯ
ДОБРОТА	НЕЖНОСТ
РАДОСТ	СПОКОЙСТВИЕ
МИР	ТЪГА

86 - Géographie

```
Ю Р В Х Ъ С Ь Ш А М Д В Ч И
М Е Р И Д И А Н И О Е Е Й О
П Т Е О С Т Р О В Р П Д Ь Ф
О Е Г Б Е О Р Т А Е И А Ш Ж
Л Р И Ч В К Ч Д К Ц Р Н Ю Ц
У И О Р Е Е Т И О Д Л В А К
К Т Н Г Р А Д О Н З Ф Е С А
Ъ О Я Ь А Н Х Щ Т А Р О Т Р
Л Р Ч Ч Т Ц А Ш И П С В Я Т
Б И В П Л А Н И Н А Т М Ж А
О Я Ю И А Р Г О Е Д Р Е К А
А Р С Х С Ш Б Ш Н Й А Я В Ш
Ю С У И Ю Т Б Ц Т П Н Ц Б С
Ж Г Щ Г У Ч Щ Ъ В Ъ А У М Щ
```

ВИСОЧИНА	СВЯТ
АТЛАС	ПЛАНИНА
КАРТА	СЕВЕР
КОНТИНЕНТ	ОКЕАН
РЕКА	ЗАПАД
ПОЛУКЪЛБО	СТРАНА
ОСТРОВ	РЕГИОН
ШИРИНА	ЮГ
МОРЕ	ТЕРИТОРИЯ
МЕРИДИАН	ГРАД

87 - Danse

```
Ш Р А Д О С Т Е Н И Ц М Б Д
Ь И П К Х Ь Я А Л Д Ъ У Ь Б
Щ Т Т О Ъ П Л К Р Ь Ч З Б Л
Д Ъ Ю Г З Р О А К О Б И Ц А
В М Х Т Я А Й Д У Ф Н К К Г
И З Р А З И Т Е Л Е Н А Л О
Ж Й Щ Е Т У Т М Т Х Ж Щ А Д
Е Ш О О П Ч Я И У М Ф Ю С А
Н У О Я К Е Я Я Р Ш Е Х И Т
И Ь Н Г Г И Т И А В М Г Ч Я
Е К С Т Р А Д И Ц И О Н Е Н
П А Р Т Н Ь О Р Ц Х Ц Д С Ь
К У Л Т У Р Е Н Б И И О К Б
И З К У С Т В О К Щ Я Ж И Ч
```

АКАДЕМИЯ	РАДОСТЕН
ИЗКУСТВО	ДВИЖЕНИЕ
КЛАСИЧЕСКИ	МУЗИКА
ТЯЛО	ПАРТНЬОР
КУЛТУРА	ПОЗА
КУЛТУРЕН	РЕПЕТИЦИЯ
ИЗРАЗИТЕЛЕН	РИТЪМ
ЕМОЦИЯ	ТРАДИЦИОНЕН
БЛАГОДАТ	

88 - Bâtiments

И	П	А	П	П	Т	Е	А	Т	Ъ	Р	К	Ъ	Ш
П	О	С	О	Л	С	Т	В	О	Г	Г	Л	Л	Ъ
Г	Н	М	У	Т	Е	П	Я	Я	Щ	А	В	Н	В
М	Д	Ь	Ц	Р	А	В	Ю	У	Б	Щ	Р	П	Г
У	Ч	И	Л	И	Щ	Е	Н	Е	Р	Х	С	А	Т
З	А	М	Ъ	К	Ж	А	Б	Я	Щ	Т	Т	Л	Ж
Е	Ф	Ь	Ч	И	Х	Х	О	Т	Е	Л	А	А	П
Й	А	Р	М	Н	Ф	Ч	Л	Ь	Я	Ю	Д	Т	П
Л	Б	В	Ъ	О	У	Р	Н	И	В	Ч	И	К	М
А	Р	Щ	Д	К	А	Б	И	Н	А	П	О	А	Ь
Й	И	Х	Ш	У	Ь	Б	Ц	Е	Л	У	Н	У	Ъ
Ч	К	В	Я	Л	К	У	А	У	Ю	С	Л	Я	Ч
П	А	О	Л	А	Б	О	Р	А	Т	О	Р	И	Я
О	Б	С	Е	Р	В	А	Т	О	Р	И	Я	С	Ж

ПОСОЛСТВО	ЛАБОРАТОРИЯ
КАБИНА	МУЗЕЙ
ЗАМЪК	ОБСЕРВАТОРИЯ
КИНО	СТАДИОН
УЧИЛИЩЕ	ПАЛАТКА
ГАРАЖ	ТЕАТЪР
ПЛЕВНЯ	КУЛА
БОЛНИЦА	ФАБРИКА
ХОТЕЛ	

89 - Pêche

Х	Н	Л	Б	Щ	В	Х	Я	Б	Ж	О	Г	Г	Ч
И	Б	К	У	К	А	А	Ш	И	Ш	Б	Ю	Й	Л
Т	Ц	Ъ	О	Г	К	Р	М	С	Б	О	Ж	Ж	Е
С	Ъ	К	П	У	О	Н	Е	М	П	Р	О	Т	Ш
Ь	Ц	Ц	Д	Л	Ш	Т	П	К	Ц	У	К	Г	Р
Т	Ч	П	Ю	У	Н	Ш	В	Т	А	Д	Е	Щ	Й
С	Е	З	О	Н	И	М	О	Я	Ж	В	А	М	У
Ю	Л	Г	Х	Д	Ц	И	Д	Т	Х	А	Н	Я	О
Т	Ю	Ч	Л	У	А	Е	А	А	Р	Н	Ж	Т	В
В	С	Д	К	О	П	Л	А	Ж	И	Е	Я	Ю	Л
С	Т	С	Т	Р	Ъ	В	К	П	Л	О	Д	К	А
Е	З	Е	Р	О	Н	Р	Г	Д	Е	Р	Л	Ч	Б
Т	Ъ	Р	П	Е	Н	И	Е	Д	Я	Щ	Н	Я	О
П	Р	Е	У	В	Е	Л	И	Ч	Е	Н	И	Е	Ф

СТРЪВ	ЕЗЕРО
ЛОДКА	ЧЕЛЮСТ
ХРИЛЕ	ОКЕАН
КУКА	КОШНИЦА
ГОТВЯ	ТЪРПЕНИЕ
ВОДА	ПЛАЖ
ПРЕУВЕЛИЧЕНИЕ	ТЕГЛО
ОБОРУДВАНЕ	СЕЗОН
РЕКА	

90 - Activités et Loisirs

```
Е П С Т У Р И З Ъ М Т Б И Р
Ш А Х Ъ Й Я Г В Ж Р Е А З Е
Б З Е Ь Р Я Е О П К Н С К Л
Ю А Ф Г И Ф С О Л В И К У А
Я Р И В Б О И Я У Ф С Е С К
Ф У Т Б О Л Ш Р В О Г Т Т С
М В Д О Л Л Л Л А К Т Б В И
Ъ А Н К О Ю Е Й Н Н Й О О Р
Я Н Щ С В Х Т Й Е Х Е Л К А
Щ Е Ъ Я Й Ч Е О Б Ъ П А М Щ
В У М Т П К Ж И В О П И С А
Х О Б И Т А И Р Ь Г Л Ж М Ф
Г Р А Д И Н А Р С Т В О О Ь
К Ъ М П И Н Г Б Е Й З Б О Л
```

ПАЗАРУВАНЕ	ПЛУВАНЕ
ИЗКУСТВО	ХОБИТА
БЕЙЗБОЛ	ЖИВОПИС
БАСКЕТБОЛ	РИБОЛОВ
БОКС	ТУРИЗЪМ
КЪМПИНГ	РЕЛАКСИРАЩА
ФУТБОЛ	СЪРФИРАНЕ
ГОЛФ	ТЕНИС
ГРАДИНАРСТВО	ВОЛЕЙБОЛ

91 - Livres

```
М У А В Ц К Й Р О М А Н Д П
И Ь М В В Х Й Й К Р Л Л В Р
С С М Е Т А Т Т О А И Ъ О И
Т М Т К С О Н П Н З Т С Й К
О С Л О Е Т Р Ю Т К Е Т С Л
Р Т Я Л Р У Е У Е А Р Ю Т Ю
И Р Ь Е И И Й Н К З А Е В Ч
Я А Ж К Я У Ч А С В Т У Е Е
М Н Ю Ц Е Л Р Е Т А У П Н Н
Г И И И Т Р Б Д С Ч Р О О И
Ф Ц Я Я Ф А Р Н К К А Е С Е
К А Е П И Ч Е Н Ь С И З Т И
С Т И Х О Т В О Р Е Н И Е Р
Ч И Т А Т Е Л Е Я П Е Я У Ч
```

АВТОР	ЛИТЕРАТУРА
ПРИКЛЮЧЕНИЕ	РАЗКАЗВАЧ
КОЛЕКЦИЯ	СТРАНИЦА
КОНТЕКСТ	УМЕСТЕН
ДВОЙСТВЕНОСТ	СТИХОТВОРЕНИЕ
ЕПИЧЕН	ПОЕЗИЯ
ИСТОРИЯ	РОМАН
ИСТОРИЧЕСКИ	СЕРИЯ
ЧИТАТЕЛ	

92 - Pays #2

```
Ц А С П У Я Л И В А Н Д А Д
Р Щ П Ж Н М Ч Р Ъ П С Ц Л А
У Г А Н Д А Ъ Л Б М О У Б Н
Х Ф К Т Р Й Л А О С М С А И
А Т И Е Ш К Я Н Й И А И Н Я
И Н С Я Н А Й Д А Р Л Н И Р
Т Ъ Т Ю Ь И Е И Л И И Д Я У
И Б А Ю О В Я Я Д Я Я О Ъ С
Й Й Н Ф Р А Н Ц И Я П Н Б И
Ч Е Ъ Н М Е К С И К О Е О Я
С У Д А Н Ч И Ч Л П Н З П П
П К М Ч Б Х Т Ю Ч Т И И Ш Х
Ъ М Щ У К Р А Й Н А Я Я В Л
О Е Ж Щ И Н Й Л Е Р Ф Д П Ъ
```

АЛБАНИЯ	ЛАОС
КИТАЙ	ЛИВАН
ДАНИЯ	МЕКСИКО
ФРАНЦИЯ	УГАНДА
ХАИТИ	ПАКИСТАН
ИНДОНЕЗИЯ	РУСИЯ
ИРЛАНДИЯ	СОМАЛИЯ
ЯМАЙКА	СУДАН
ЯПОНИЯ	СИРИЯ
КЕНИЯ	УКРАЙНА

93 - Fournitures d'Art

```
Б  Т  Ж  В  Ф  М  Б  И  Д  Г  Ж  Ц  Ч  Й
Й  О  В  М  А  С  Л  О  Х  У  А  В  Е  У
И  Е  И  О  А  М  А  У  П  М  К  Е  Т  А
Д  Я  В  У  Р  С  Т  А  Т  И  В  Т  К  К
Г  Л  И  Н  А  Ч  Т  Ю  Й  Ч  А  О  И  Р
Ъ  Ъ  Ю  С  И  Д  Е  И  И  К  Р  В  Й  И
П  А  С  Т  Е  Л  И  С  Л  А  Е  Е  Е  Л
Х  А  Р  Т  И  Я  Я  Й  Т  О  Л  Л  И  Е
С  Л  Д  С  К  М  О  Л  И  В  И  Е  Н  Н
Т  В  О  Д  А  А  Я  С  Ь  М  О  П  Р  Ж
О  Г  Ш  М  М  С  Т  К  С  К  О  И  Л  Ф
Л  М  Д  У  Е  А  В  Е  М  Г  Ч  Л  М  Д
Д  П  Л  Д  Р  И  М  М  Ц  Ш  Ш  О  Ц  П
К  С  В  Р  А  Ю  У  Щ  Т  Ч  Щ  Х  Ъ  Е
```

АКРИЛЕН	ТВОРЧЕСТВО
АКВАРЕЛИ	ВОДА
ГЛИНА	МАСТИЛО
ЧЕТКИ	ГУМИЧКА
КАМЕРА	МАСЛО
СТОЛ	ИДЕИ
СТАТИВ	ХАРТИЯ
ЛЕПИЛО	ПАСТЕЛИ
ЦВЕТОВЕ	БОИ
МОЛИВИ	МАСА

94 - Jouets

З	А	Н	А	Я	Т	И	Д	В	С	В	Ш	Р	Ц
Б	А	Р	А	Б	А	Н	И	Р	И	Л	Ж	Х	Ч
О	Ъ	Л	О	Д	К	А	У	А	Ф	А	В	В	К
И	В	Ю	В	Л	С	П	Г	Й	Ш	К	Ц	Ъ	К
Х	Б	Б	Ъ	Ч	Л	Л	Ш	К	Щ	И	Г	Р	И
Е	И	И	О	Ж	Р	Т	Й	А	С	Л	О	Ч	О
В	Г	М	Б	Х	Я	О	Ъ	М	Х	М	Т	И	С
Я	Ф	У	Р	П	Ю	П	Б	И	К	У	К	Л	А
Щ	К	Ж	А	Щ	Ю	К	К	О	Л	А	Ю	О	М
Ш	Н	Л	Ж	Ц	Г	А	Ц	Н	Т	Ь	Л	Ж	О
Й	И	Щ	Е	В	Е	Л	О	С	И	П	Е	Д	Л
К	Г	Ъ	Н	Ж	У	А	И	Л	Я	А	А	Ю	Е
Ц	И	Я	И	Я	Т	Е	М	Н	Ш	Й	К	В	Т
Ь	Ъ	Р	Е	Ч	О	М	Д	Ц	А	Ц	У	Ф	Н

ГЛИНА	ИГРИ
ЗАНАЯТИ	КНИГИ
САМОЛЕТ	БОИ
ТОПКА	КУКЛА
ЛОДКА	РОБОТ
КАМИОН	БАРАБАНИ
ХВЪРЧИЛО	ВЛАК
ШАХ	ВЕЛОСИПЕД
ЛЮБИМ	КОЛА
ВЪОБРАЖЕНИЕ	

95 - Eau

```
П А Р А Н А В О Д Н Е Н И Е
А Ш М Б С А С А Л С М Л Х М
Ш Ю Г М Р Ф П П Е Ь Я Е Н Д
С Ч Й Е З Е Р О Д И Е Л Е И
М Ж И Ц Й Ъ Ч К Я Ч Т Я В Ж
У Щ Ю П Д З В Х Д В Л А Г А
С Н Я Г Ъ Ф Е Н Й Ф А П А Б
О В Л А Ж Н А Р Е К А Н П Ч
Н К О Ф Д Н Ч Р Ц К Т О Е Щ
К А Е И З П А Р Я В А Н Е Л
А Н Т А Ь О Г Х М Ъ М Р А З
Т А Й Д Н Ч Н С И Л Ъ А Ь Л
П Л Щ У Р А Г А Н Н Ь Щ Д Й
Д Й У Ш С О Л У Т И Ж Б П К
```

КАНАЛ	НАПОЯВАНЕ
ДУШ	ЕЗЕРО
ИЗПАРЯВАНЕ	МУСОН
РЕКА	СНЯГ
МРАЗ	ОКЕАН
ГЕЙЗЕР	УРАГАН
ЛЕД	ДЪЖД
ВЛАЖНА	ВЪЛНИ
ВЛАГА	ПАРА
НАВОДНЕНИЕ	

96 - Paysages

```
Ч П О Л У О С Т Р О В Ь П Ч
П У С Т И Н Я У Ч Ц Д Х Ъ Я
П Л А Н И Н А Н Ц Б Я У Р Й
В У Л К А Н Ь Д О Л И Н А С
У О С Т Р О В Р М О А З И С
С Е Д Ф Ь Б Л А Т О Т Е П Г
Т Л У О Е З Е Р О Д Р Й Л Е
И Г Е Ь П П Е Щ Е Р А Е А Й
Е Ф Л Д А А Х Ъ Л М Ю Р Ж З
Т М Х М Н В Д Т Й М Ь Н П Е
О М С Д Л И И Ь Щ У К Р Р Р
Ф Б Щ В Р Е К А Й С Б Е Р Г
Ф Ж О Д Н В Д Б О Т Ш О Г Ж
Н Ж Ч Х Ш Ж А Д Р Д Д Ш Щ Т
```

ВОДОПАД	ЕЗЕРО
ХЪЛМ	БЛАТО
ПУСТИНЯ	МОРЕ
УСТИЕТО	ПЛАНИНА
РЕКА	ОАЗИС
ГЕЙЗЕР	ПОЛУОСТРОВ
ЛЕДНИК	ПЛАЖ
ПЕЩЕРА	ТУНДРА
АЙСБЕРГ	ДОЛИНА
ОСТРОВ	ВУЛКАН

97 - Nombres

```
Ч Д В Е Н У Л А Ш Ж Б Ц Д О
Е Е Е И П Ш И И Г П Р П В С
Т С Т С Г Е О Г Т В Е Е А Е
И Т Л И Е С Е Д Е М Я Т Д М
Р Ш О Д Р Т Ф Ю Щ Щ О Н Е Д
И Р У К Ю И М Р И О Х А С В
Ф Ъ Д А Щ Р Н Й Д Ж П Д Е А
Ю Н Ш Е С Т Н А Д Е С Е Т Н
Щ Е Д М О Х Р Ч Д Ю В С Л А
Д Е В Е Т Т Р И А Е Т Е Ю Д
Т Р И Н А Д Е С Е Т С Т У Е
О С Е М Н А Д Е С Е Т Е О С
Д Е В Е Т Н А Д Е С Е Т Т Е
Я Ш Ю Д Е С Е Т И Ч Е Н Ж Т
```

ПЕТ	ЧЕТИРИ
ДВЕ	ПЕТНАДЕСЕТ
ДЕСЕТИЧЕН	ШЕСТНАДЕСЕТ
ДЕСЕТ	СЕДЕМ
ОСЕМНАДЕСЕТ	ШЕСТ
ДЕВЕТНАДЕСЕТ	ТРИНАДЕСЕТ
ДВАНАДЕСЕТ	ТРИ
ОСЕМ	ДВАДЕСЕТ
ДЕВЕТ	НУЛА
ЧЕТИРИНАДЕСЕТ	

98 - Nature

```
Л Л И С Т Ж Щ К Ц Р И Я Р А
Е Е Р О З И Я Р Т Т М Б У Ш
Д Р П Д Ь В А А Р С Й Х Ъ Д
Н У Е Й Р О Й С О Б Л А Ц И
И Ш Ъ К М Т Л О П И Б Д П В
К Н В Ч А Н Л Т И Ю Й Ж О Я
Т И Ч П М И А А Ч Ф Л М Д Щ
П Ъ Я Ю И Ъ Р Ж Е С Р Л С Ш
У Л Й П Р Г К Ц С Т О Х Л П
С Ш А У Е О Т Б К Б С Ц О Ч
Т И Д Н Н Р И И И Р Я Л Н Е
И Х Щ У И А К М Ъ Г Л А У Л
Н Р А Д И Н А М И Ч Е Н П И
Я Е С В Е Т И Л И Щ Е Й Г Ъ
```

ПЧЕЛИ	РЕКА
ПОДСЛОН	ГОРА
ЖИВОТНИ	ЛЕДНИК
АРКТИКА	ПЛАНИНИ
КРАСОТА	ОБЛАЦИ
МЪГЛА	МИРЕН
ПУСТИНЯ	СВЕТИЛИЩЕ
ДИНАМИЧЕН	ДИВ
ЕРОЗИЯ	ТРОПИЧЕСКИ
ЛИСТ	

99 - Bateaux

```
К А Н У Щ А О М С Ь Ш Е Е Л
К А В Ъ Ж Е К О Ь Ш А З К Х
Т В Я Х Т А Е Р Д О М Е И Н
Ъ Т Н К Ф И А С П Р А Р П Я
Я Ь К Е Б Ю Н К Л Ф Н О А Т
Й М О Р Я К Л И А Е Д Л Ж Ъ
К О Т В А П Н А Т Р У Ц О Д
Г Р Ф С М Р Ь Л Н И Р А Л В
С Е Щ С А И А П О Б А Ц Ь И
Р В Ю Я Ч Л Р М Х О Ч И Я Г
Щ Ю Ъ Д Т И М Ж О Т Ж К Ц А
И Щ В Л А В Ц О Д Р Е К А Т
Ч П Ф Ф Н Ь Х М К Е Е Ц Т Е
И К Л В Й И Ш Ф А В С Л А Л
```

КОТВА	МОРЯК
ШАМАНДУРА	МАЧТА
КАНУ	МОРЕ
ВЪЖЕ	ДВИГАТЕЛ
ЕКИПАЖ	МОРСКИ
ФЕРИБОТ	ОКЕАН
РЕКА	САЛ
КАЯК	ВЪЛНИ
ЕЗЕРО	ПЛАТНОХОДКА
ПРИЛИВ	ЯХТА

100 - Mesures

```
С Н Д М А С А Т Е Т Б А Й Т
А О Е Ъ И Н Ч Р П Е Ь Ь Х О
Н Д С К Л Н Щ Л Т Г Я М Г Н
Т Е Е И Х Ж У Ш С Л Г Я Б С
И Ш Т Л Ш Й И Т Р О А Х У Щ
М Р И О И В Ж Н А Ю Ю Ю У Г
Е В Ч М Р Т М А А Ъ А Н Г Д
Т И Е Е И Д Ъ Л Б О Ч И Н А
Ъ С Н Т Н Ш Е Р Е Г Р А М Я
Р О И Ъ А И Л Ч У Р Ц Б Е Ш
М Ч И Р Х А Й О Й А Г Ю Т Р
К И Л О Г Р А М Б Д И А Ъ П
У Н Ц И Я Р А В О У Е Р Р Ф
Ч А Т Г Г П Ъ А Ш С Ш Е П М
```

САНТИМЕТЪР	МАСА
ГРАДУС	МЕТЪР
ДЕСЕТИЧЕН	МИНУТА
ГРАМ	БАЙТ
ВИСОЧИНА	УНЦИЯ
КИЛОГРАМ	ТЕГЛО
КИЛОМЕТЪР	ИНЧ
ШИРИНА	ДЪЛБОЧИНА
ЛИТЪР	ТОН
ДЪЛЖИНА	

1 - Été

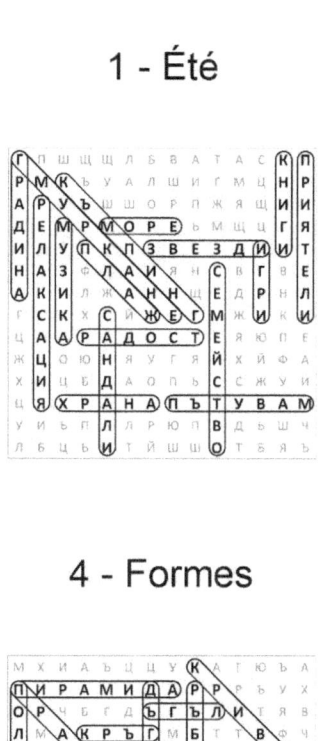

2 - Adjectifs #2

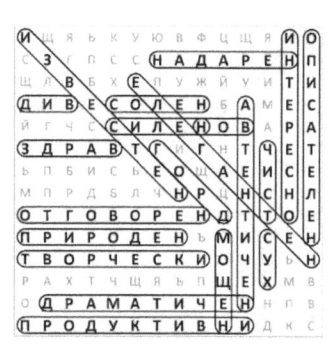

3 - Exploration

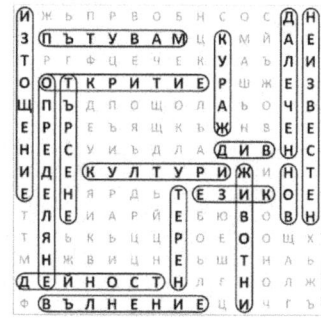

4 - Formes

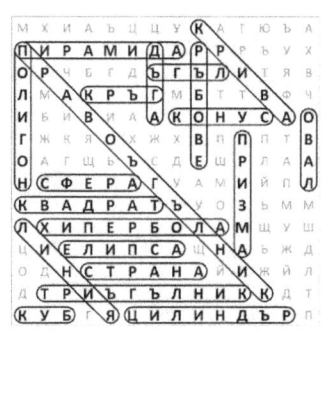

5 - Salle de Bains

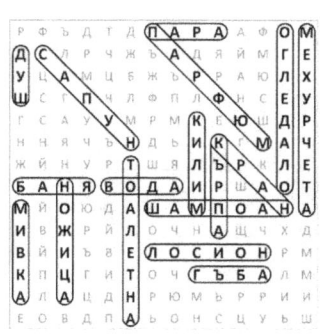

6 - Adjectifs #1

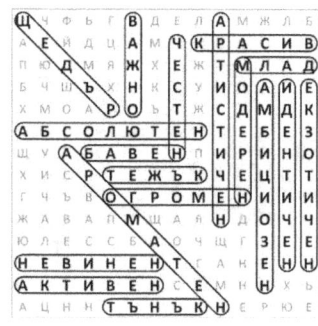

7 - Instruments de Musique

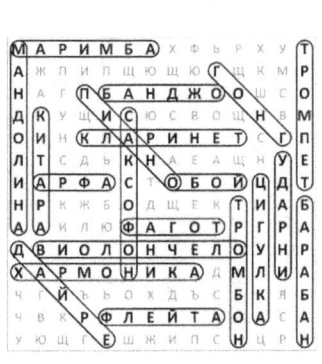

8 - Échecs

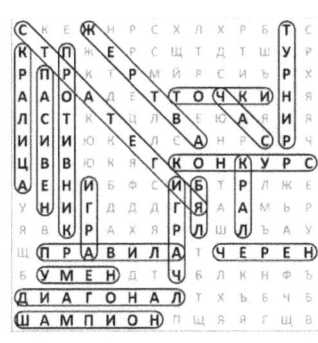

9 - Herboristerie

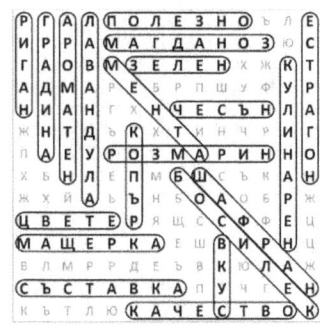

10 - Véhicules

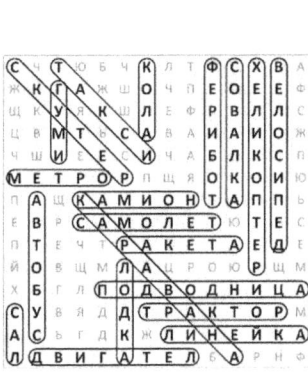

11 - Camping

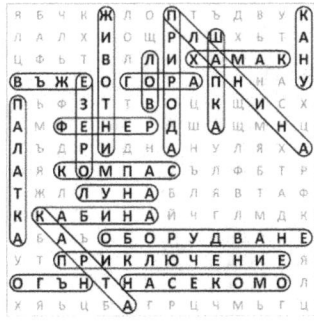

12 - Écologie

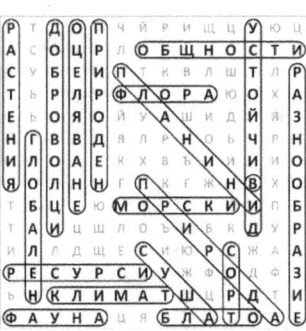

13 - Astronomie

14 - Types de Cheveux

15 - Restaurant #1

16 - Mammifères

17 - Sports

18 - Chocolat

19 - Mathématiques

20 - Théâtre

21 - Mythologie

22 - Restaurant #2

23 - Couleurs

24 - Avions

25 - Aventure

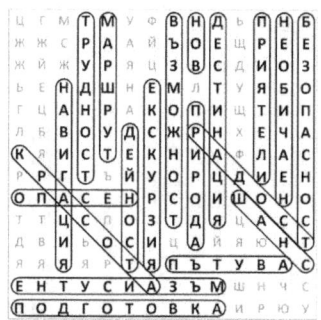

26 - Ville

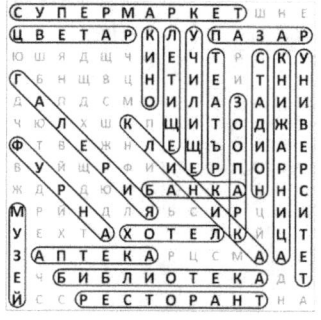

27 - Cuisine

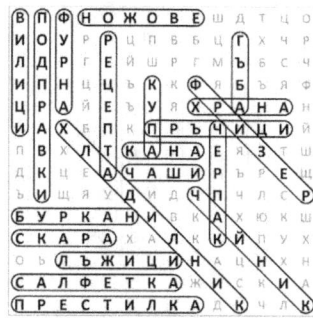

28 - Corps Humain

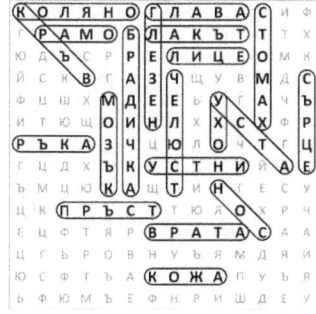

29 - Épices

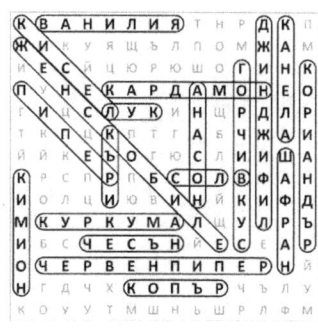

30 - Science

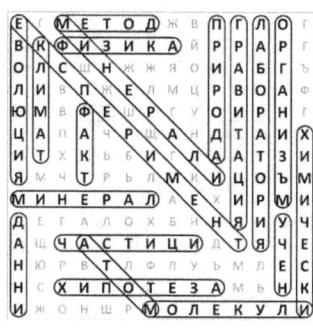

31 - Chats

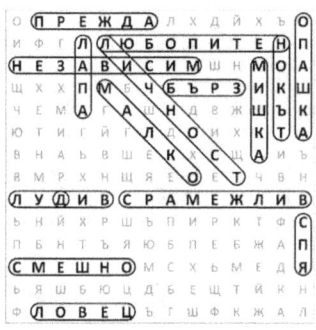

32 - Vêtements

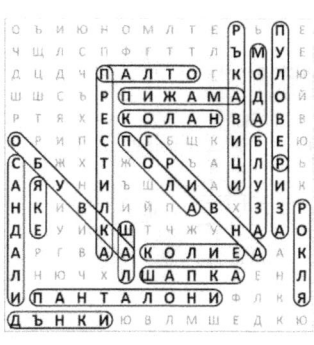

33 - Arts Visuels

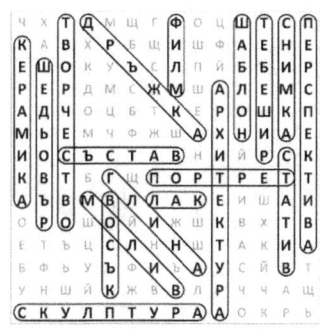

34 - Méditation

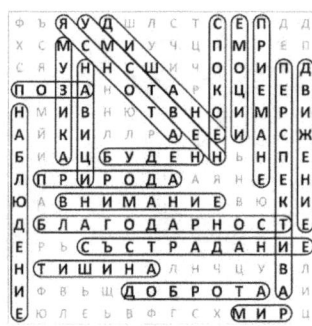

35 - Littérature

36 - Nourriture #1

37 - Jours et Mois

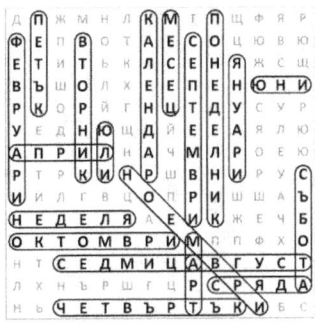

38 - Championnat

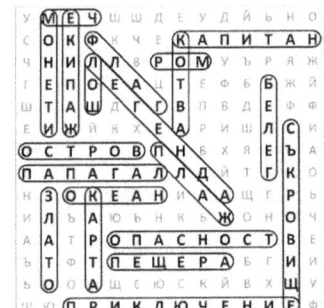

39 - Pirates

40 - Activités

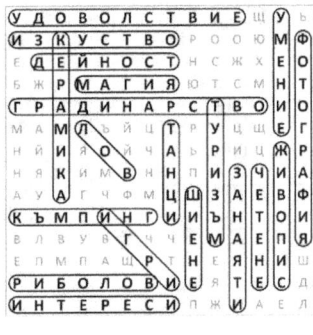

41 - Fleurs

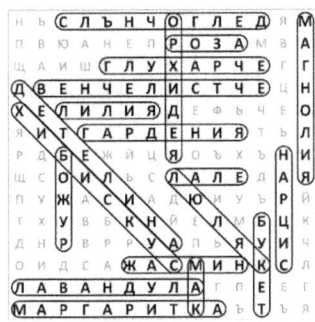

42 - Nourriture #2

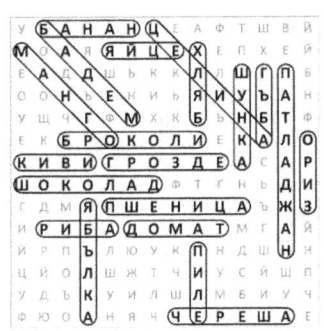

43 - Océan

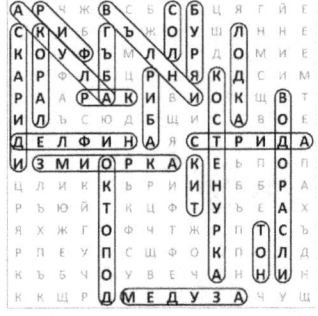

44 - Remplir

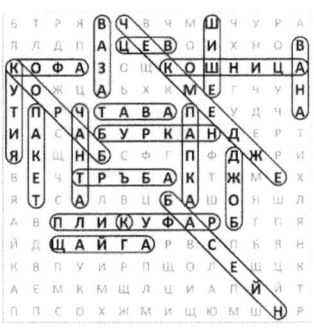

45 - Ballet

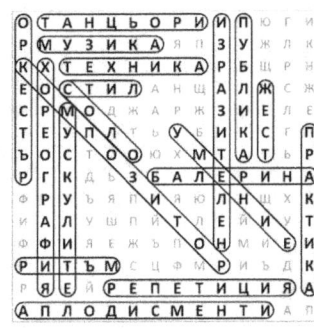

46 - Fruit

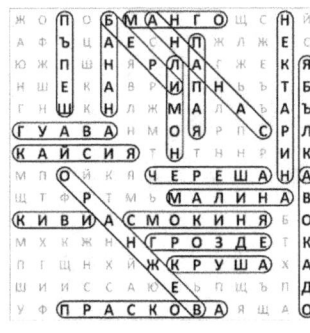

47 - Surf

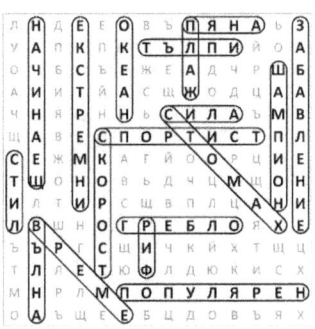

48 - Technologie

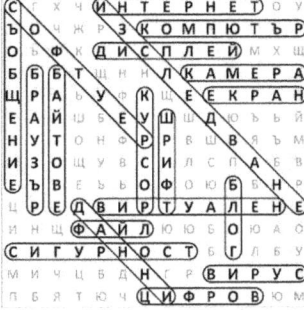

49 - Comédie

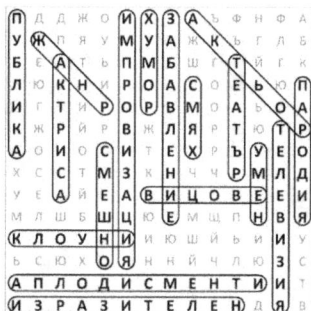

50 - Météo

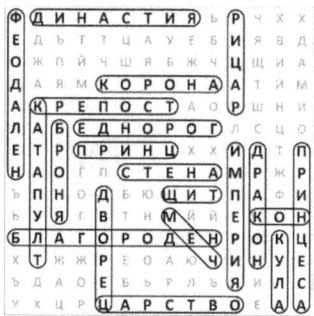

51 - Châteaux

52 - Randonnée

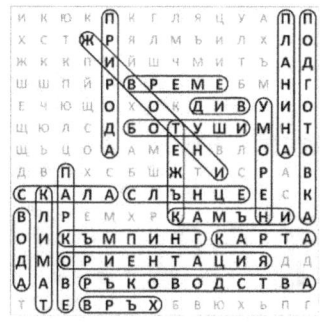

53 - Meubles

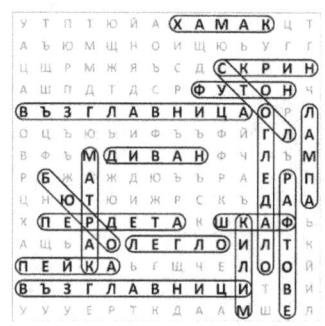

54 - Art

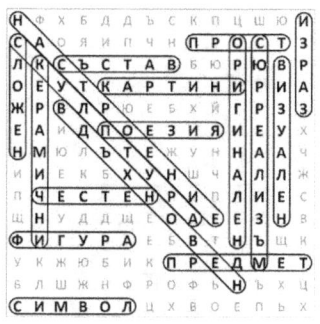

55 - Nutrition

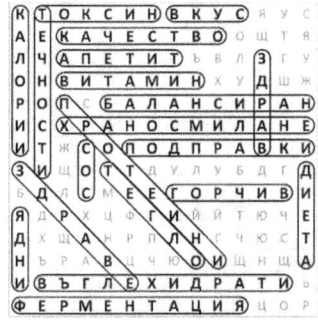

56 - Science Fiction

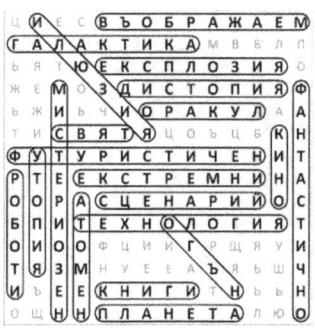

57 - Professions #1

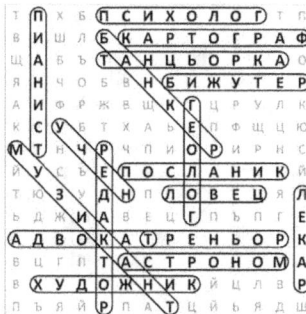

58 - Géologie

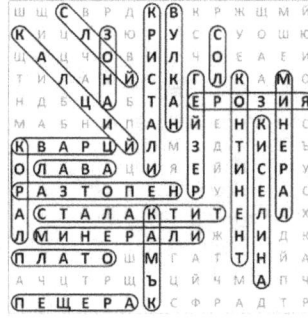

59 - Cirque

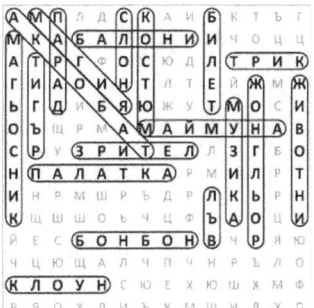

60 - Jardin

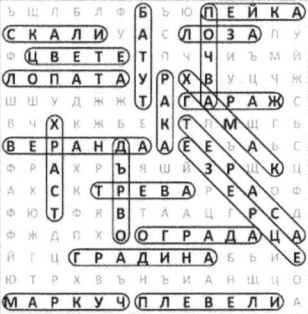

61 - Barbecues

62 - Anniversaire

63 - Animaux de Compagnie

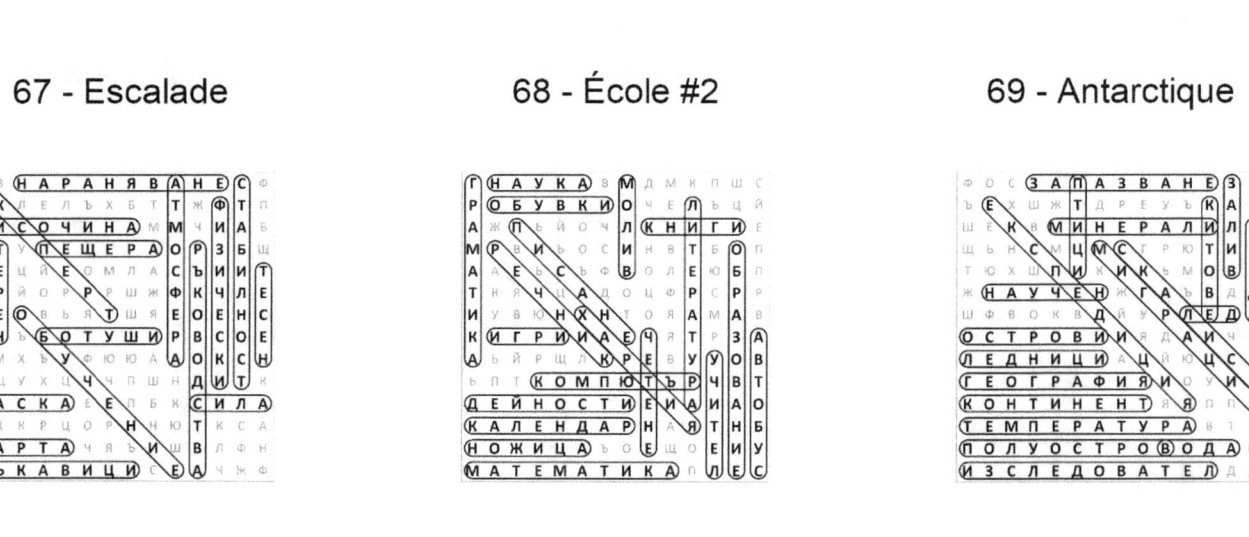

64 - Forêt Tropicale

65 - Insectes

66 - Ferme #1

67 - Escalade

68 - École #2

69 - Antarctique

70 - Professions #2

71 - Les Abeilles

72 - Dinosaures

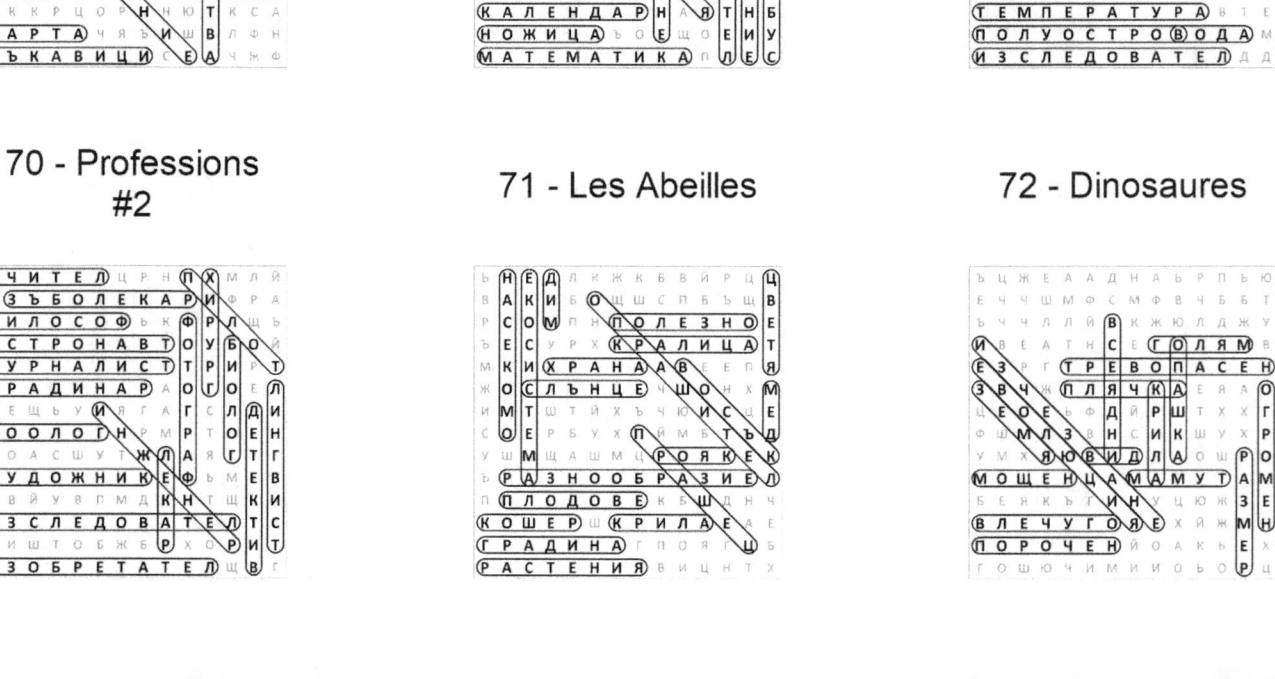

73 - Conduite

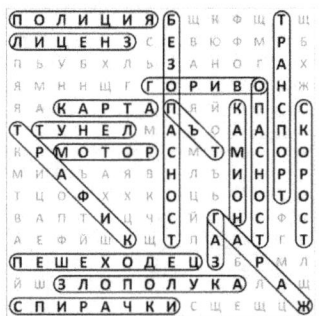

74 - Plantes

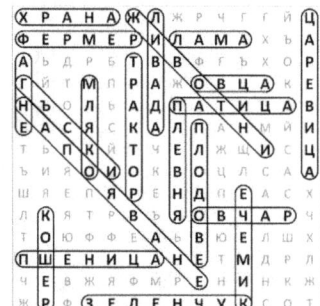

75 - Ferme #2

76 - École #1

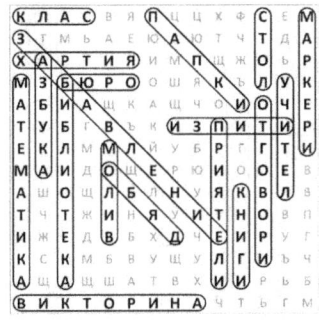

77 - Vacances #2

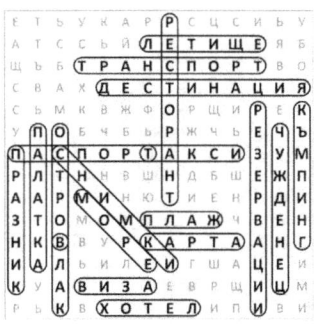

78 - Temps

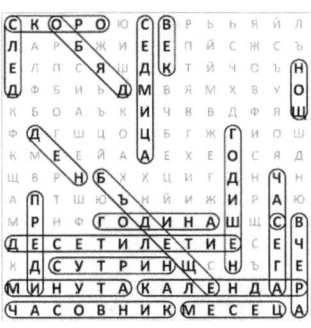

79 - Maison

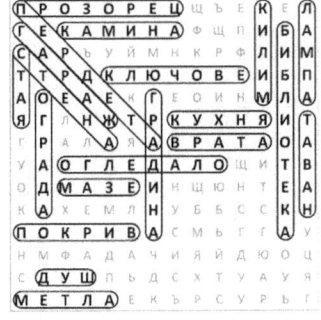

80 - Légumes

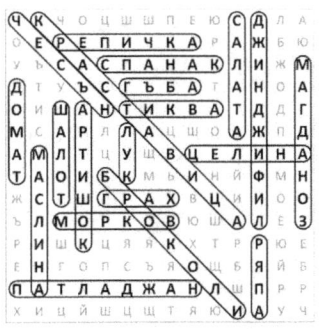

81 - Plage

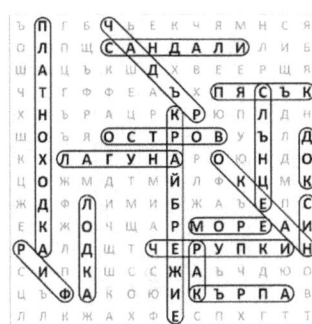

82 - Famille

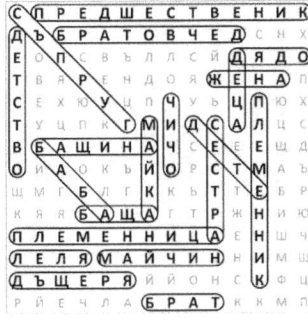

83 - Oiseaux

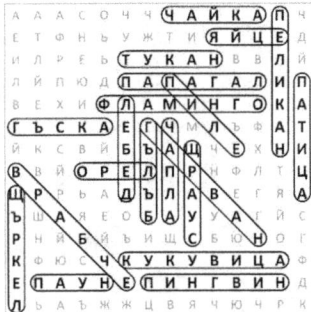

84 - Disciplines Scientifiques

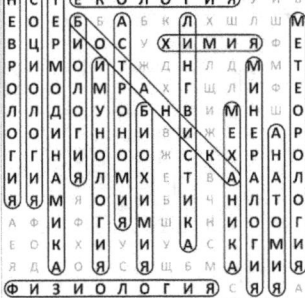

85 - Émotions

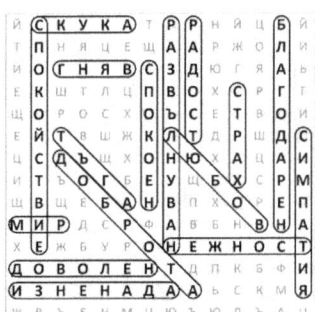

86 - Géographie

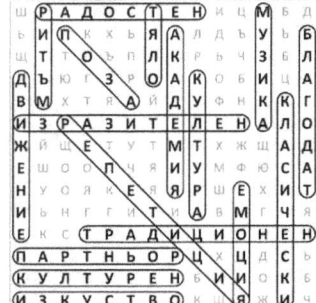

87 - Danse

88 - Bâtiments

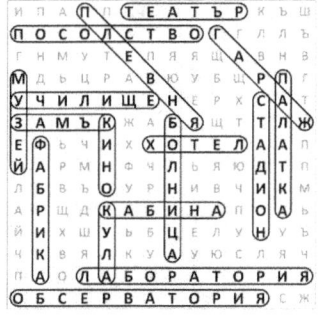

89 - Pêche

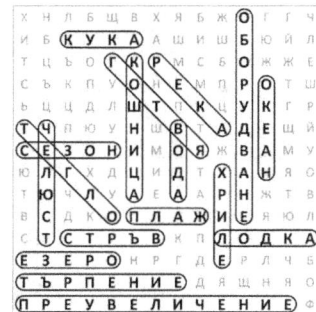

90 - Activités et Loisirs

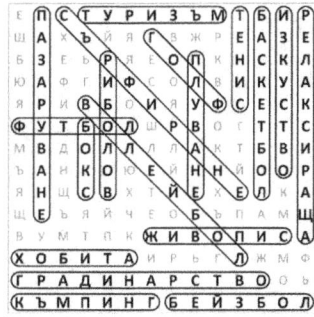

91 - Livres

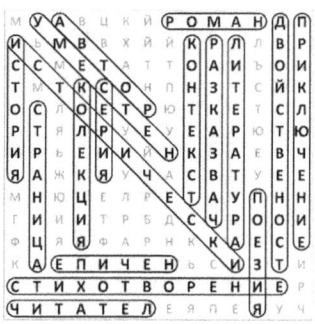

92 - Pays #2

93 - Fournitures d'Art

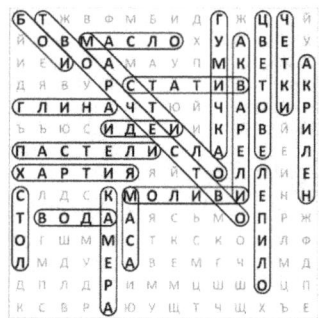

94 - Jouets

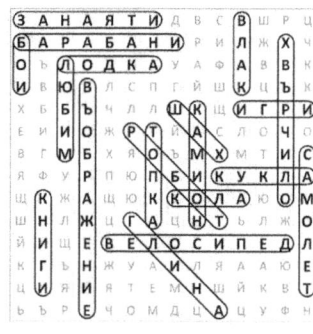

95 - Eau

96 - Paysages

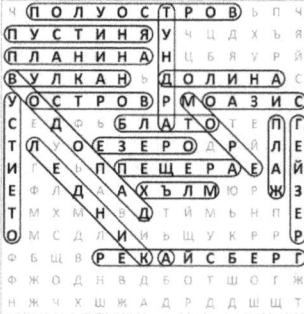

97 - Nombres

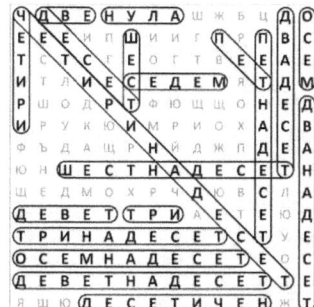

98 - Nature

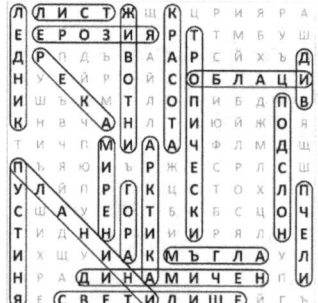

99 - Bateaux

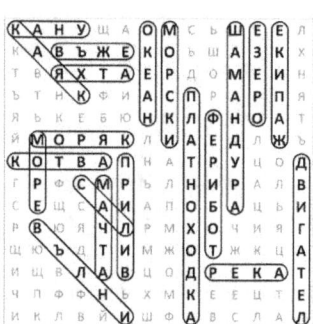

100 - Mesures

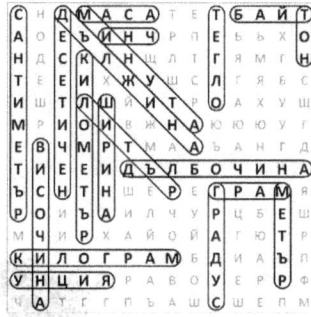

Dictionnaire

Activités
Дейности

Activité	Дейност
Art	Изкуство
Artisanat	Занаяти
Camping	Къмпинг
Céramique	Керамика
Chasse	Лов
Compétence	Умение
Couture	Шиене
Danse	Танци
Intérêts	Интереси
Jardinage	Градинарство
Jeux	Игри
Lecture	Четене
Magie	Магия
Peinture	Живопис
Pêche	Риболов
Photographie	Фотография
Plaisir	Удоволствие
Randonnée	Туризъм
Relaxation	Релаксация

Activités et Loisirs
Дейности и Свободно Време

Achats	Пазаруване
Art	Изкуство
Base-Ball	Бейзбол
Basket-Ball	Баскетбол
Boxe	Бокс
Camping	Къмпинг
Football	Футбол
Golf	Голф
Jardinage	Градинарство
Nager	Плуване
Passe-Temps	Хобита
Peinture	Живопис
Pêche	Риболов
Plongée	Гмуркане
Randonnée	Туризъм
Relaxant	Релаксираща
Surf	Сърфиране
Tennis	Тенис
Volley-Ball	Волейбол
Voyage	Пътувам

Adjectifs #1
Прилагателни #1

Absolu	Абсолютен
Actif	Активен
Ambitieux	Амбициозен
Aromatique	Ароматен
Artistique	Артистичен
Attractif	Привлекателен
Beau	Красив
Exotique	Екзотичен
Énorme	Огромен
Généreux	Щедър
Honnête	Честен
Identique	Идентичен
Important	Важно
Innocent	Невинен
Jeune	Млад
Lent	Бавен
Lourd	Тежък
Mince	Тънък
Moderne	Модерен
Parfait	Идеален

Adjectifs #2
Прилагателни #2

Authentique	Автентичен
Célèbre	Известен
Créatif	Творчески
Descriptif	Описателен
Doué	Надарен
Dramatique	Драматичен
Élégant	Елегантен
Fier	Горд
Fort	Силен
Intéressant	Интересно
Naturel	Природен
Nouveau	Нов
Productif	Продуктивни
Puissant	Мощен
Pur	Чист
Responsable	Отговорен
Sain	Здрав
Salé	Солен
Sauvage	Див
Sec	Сух

Animaux de Compagnie
Домашни Любимци

Chat	Котка
Chaton	Коте
Chèvre	Коза
Chien	Куче
Chiot	Кученце
Collier	Яка
Eau	Вода
Griffes	Нокти
Hamster	Хамстер
Laisse	Каишка
Lapin	Заек
Lézard	Гущер
Nourriture	Храна
Perroquet	Папагал
Poisson	Риба
Queue	Опашка
Souris	Мишка
Tortue	Костенурка
Vache	Крава
Vétérinaire	Ветеринар

Anniversaire
Рожден Ден

Amis	Приятели
Amusement	Забавление
Année	Година
Bougies	Свещи
Cadeau	Подарък
Calendrier	Календар
Cartes	Карти
Chanson	Песен
Fête	Празник
Gâteau	Торта
Heureux	Щастлив
Invitations	Покани
Jeune	Млад
Jour	Ден
Joyeux	Радостен
Né	Роден
Sagesse	Мъдрост
Spécial	Специален
Temps	Час

Antarctique
Антарктида

Baie	Залив
Baleines	Китове
Chercheur	Изследовател
Conservation	Запазване
Continent	Континент
Eau	Вода
Environnement	Среда
Expédition	Експедиция
Géographie	География
Glace	Лед
Glaciers	Ледници
Îles	Острови
Migration	Миграция
Minéraux	Минерали
Oiseaux	Птици
Péninsule	Полуостров
Rocheux	Скалист
Scientifique	Научен
Température	Температура
Topographie	Топография

Art
Изкуство

Céramique	Керамични
Complexe	Сложен
Composition	Състав
Expression	Израз
Figure	Фигура
Honnête	Честен
Humeur	Настроение
Inspiré	Вдъхновен
Original	Оригинален
Peintures	Картини
Poésie	Поезия
Sculpture	Скулптура
Simple	Прост
Sujet	Предмет
Surréalisme	Сюрреализъм
Symbole	Символ
Visuel	Визуален

Arts Visuels
Визуални Изкуства

Architecture	Архитектура
Argile	Глина
Artiste	Художник
Céramique	Керамика
Chef-D'Œuvre	Шедьовър
Chevalet	Статив
Cire	Восък
Composition	Състав
Craie	Тебешир
Crayon	Молив
Créativité	Творчество
Film	Филм
Peinture	Живопис
Perspective	Перспектива
Photographie	Снимка
Pochoir	Шаблон
Portrait	Портрет
Sculpture	Скулптура
Stylo	Дръжка
Vernis	Лак

Astronomie
Астрономия

Astéroïde	Астероид
Astronaute	Астронавт
Astronome	Астроном
Ciel	Небе
Constellation	Съзвездие
Cosmos	Космос
Éclipse	Затъмнение
Équinoxe	Равноденствие
Fusée	Ракета
Galaxie	Галактика
Lune	Луна
Météore	Метеор
Nébuleuse	Мъглявина
Observatoire	Обсерватория
Planète	Планета
Radiation	Радиация
Solaire	Слънчев
Supernova	Свръхнова
Terre	Земя
Univers	Вселена

Aventure
Приключенски

Activité	Дейност
Amis	Приятели
Beauté	Красота
Chance	Шанс
Dangereux	Опасен
Destination	Дестинация
Difficulté	Трудност
Enthousiasme	Ентусиазъм
Excursion	Екскурзия
Inhabituel	Необичаен
Itinéraire	Маршрут
Joie	Радост
Nature	Природа
Navigation	Навигация
Nouveau	Нов
Opportunité	Възможност
Préparation	Подготовка
Sécurité	Безопасност
Voyages	Пътува

Avions
Самолети

Air	Въздух
Atmosphère	Атмосфера
Atterrissage	Кацане
Aventure	Приключение
Ballon	Балон
Carburant	Гориво
Ciel	Небе
Construction	Строителство
Descente	Спускане
Design	Дизайн
Direction	Посока
Équipage	Екипаж
Hauteur	Височина
Hélices	Витла
Histoire	История
Hydrogène	Водород
Moteur	Двигател
Passager	Пътник
Pilote	Пилот
Turbulence	Сътресение

Ballet
Балет

Applaudissement	Аплодисменти
Artistique	Артистичен
Ballerine	Балерина
Chorégraphie	Хореография
Compétence	Умение
Compositeur	Композитор
Danseurs	Танцьори
Expressif	Изразителен
Geste	Жест
Intensité	Интензитет
Muscles	Мускулите
Musique	Музика
Orchestre	Оркестър
Pratique	Практика
Public	Публика
Répétition	Репетиция
Rythme	Ритъм
Solo	Соло
Style	Стил
Technique	Техника

Barbecues
Барбекюта

Chaud	Горещ
Couteaux	Ножове
Déjeuner	Обяд
Dîner	Вечеря
Enfants	Деца
Été	Лято
Faim	Глад
Famille	Семейство
Fruit	Плодове
Gril	Скара
Jeux	Игри
Légumes	Зеленчуци
Musique	Музика
Oignons	Лук
Poivre	Пипер
Poulet	Пиле
Salades	Салати
Sauce	Сос
Sel	Сол
Tomates	Домати

Bateaux
Лодки

Ancre	Котва
Bouée	Шамандура
Canoë	Кану
Corde	Въже
Équipage	Екипаж
Ferry	Ферибот
Fleuve	Река
Kayak	Каяк
Lac	Езеро
Marée	Прилив
Marin	Моряк
Mât	Мачта
Mer	Море
Moteur	Двигател
Nautique	Морски
Océan	Океан
Radeau	Сал
Vagues	Вълни
Voilier	Платноходка
Yacht	Яхта

Bâtiments
Сгради

Ambassade	Посолство
Appartement	Апартамент
Cabine	Кабина
Château	Замък
Cinéma	Кино
École	Училище
Garage	Гараж
Grange	Плевня
Hôpital	Болница
Hôtel	Хотел
Laboratoire	Лаборатория
Musée	Музей
Observatoire	Обсерватория
Stade	Стадион
Supermarché	Супермаркет
Tente	Палатка
Théâtre	Театър
Tour	Кула
Université	Университет
Usine	Фабрика

Camping
Къмпинг

Animaux	Животни
Aventure	Приключение
Boussole	Компас
Cabine	Кабина
Canoë	Кану
Carte	Карта
Chapeau	Шапка
Chasse	Лов
Corde	Въже
Équipement	Оборудване
Feu	Огън
Forêt	Гора
Hamac	Хамак
Insecte	Насекомо
Lac	Езеро
Lanterne	Фенер
Lune	Луна
Montagne	Планина
Nature	Природа
Tente	Палатка

Championnat
Първенство

Champion	Шампион
Championnat	Шампионат
Endurance	Издръжливост
Entraîneur	Треньор
Équipe	Отбор
Finaliste	Финалист
Jeux	Игри
Juge	Съдия
Ligue	Лига
Médaille	Медал
Motivation	Мотивация
Sports	Спорт
Stratégie	Стратегия
Tournoi	Турнир
Transpiration	Изпотяване
Victoire	Победа

Chats
Котки

Chasseur	Ловец
Curieux	Любопитен
Dormir	Спя
Drôle	Смешно
Fil	Прежда
Fou	Луд
Griffe	Нокът
Indépendant	Независим
Patte	Лапа
Personnalité	Личност
Peu	Малко
Queue	Опашка
Rapide	Бърз
Sauvage	Див
Souris	Мишка
Timide	Срамежлив

Châteaux
Замъци

Armure	Броня
Bouclier	Щит
Catapulte	Катапулт
Cheval	Кон
Chevalier	Рицар
Couronne	Корона
Dragon	Дракон
Dynastie	Династия
Empire	Империя
Épée	Меч
Féodal	Феодален
Forteresse	Крепост
Licorne	Еднорог
Mur	Стена
Noble	Благороден
Palais	Дворец
Prince	Принц
Princesse	Принцеса
Royaume	Царство
Tour	Кула

Chocolat
Шоколад

Amer	Горчив
Antioxydant	Антиоксидант
Arôme	Аромат
Artisanal	Занаятчийски
Bonbon	Бонбон
Cacahuètes	Фъстъци
Cacao	Какао
Calories	Калории
Caramel	Карамел
Délicieux	Вкусен
Doux	Сладък
Exotique	Екзотичен
Favori	Любим
Goût	Вкус
Ingrédient	Съставка
Noix de Coco	Кокосов Орех
Poudre	Прах
Qualité	Качество
Recette	Рецепта
Sucre	Захар

Cirque
Цирк

Acrobate	Акробат
Animaux	Животни
Astuce	Трик
Ballons	Балони
Billet	Билет
Bonbon	Бонбон
Clown	Клоун
Costume	Костюм
Éléphant	Слон
Jongleur	Жонгльор
Lion	Лъв
Magicien	Магьосник
Magie	Магия
Musique	Музика
Parade	Парад
Singe	Маймуна
Spectateur	Зрител
Tente	Палатка
Tigre	Тигър

Comédie
Комедия

Acteur	Актьор
Actrice	Актриса
Amusement	Забавление
Applaudissement	Аплодисменти
Blagues	Вицове
Clowns	Клоуни
Drôle	Смешно
Expressif	Изразителен
Genre	Жанр
Humour	Хумор
Improvisation	Импровизация
Intelligent	Умен
Parodie	Пародия
Public	Публика
Rire	Смях
Télévision	Телевизия
Théâtre	Театър

Conduite
Шофиране

Accident	Злополука
Camion	Камион
Carburant	Гориво
Carte	Карта
Danger	Опасност
Freins	Спирачки
Garage	Гараж
Gaz	Газ
Licence	Лиценз
Moteur	Мотор
Moto	Мотоциклет
Piéton	Пешеходец
Police	Полиция
Route	Път
Sécurité	Безопасност
Trafic	Трафик
Transport	Транспорт
Tunnel	Тунел
Vitesse	Скорост
Voiture	Кола

Corps Humain
Човешкото Тяло

Bouche	Уста
Cerveau	Мозък
Cheville	Глезен
Cou	Врата
Coude	Лакът
Cœur	Сърце
Doigt	Пръст
Estomac	Стомах
Épaule	Рамо
Genou	Коляно
Lèvres	Устни
Main	Ръка
Mâchoire	Челюст
Menton	Брадичка
Nez	Нос
Oreille	Ухо
Peau	Кожа
Sang	Кръв
Tête	Глава
Visage	Лице

Couleurs
Цветове

Azur	Лазурен
Beige	Бежов
Blanc	Бял
Bleu	Син
Cyan	Циан
Fuchsia	Обичка
Gris	Сив
Indigo	Индиго
Jaune	Жълт
Marron	Кафяв
Noir	Черен
Orange	Оранжев
Rose	Розов
Rouge	Червен
Sépia	Сепия
Vert	Зелен
Violet	Лилав

Cuisine
Кухня

Baguettes	Пръчици
Bol	Купа
Bouilloire	Чайник
Congélateur	Фризер
Couteaux	Ножове
Cruche	Кана
Cuillères	Лъжици
Épices	Подправки
Éponge	Гъба
Four	Фурна
Fourchettes	Вилици
Gril	Скара
Louche	Черпак
Nourriture	Храна
Pot	Буркан
Recette	Рецепта
Réfrigérateur	Хладилник
Serviette	Салфетка
Tablier	Престилка
Tasses	Чаши

Danse
Танцувай

Académie	Академия
Art	Изкуство
Chorégraphie	Хореография
Classique	Класически
Corps	Тяло
Culture	Култура
Culturel	Културен
Expressif	Изразителен
Émotion	Емоция
Grâce	Благодат
Joyeux	Радостен
Mouvement	Движение
Musique	Музика
Partenaire	Партньор
Posture	Поза
Répétition	Репетиция
Rythme	Ритъм
Traditionnel	Традиционен
Visuel	Визуален

Dinosaures
Динозаври

Ailes	Крила
Disparition	Изчезване
Espèce	Вид
Énorme	Огромен
Évolution	Еволюция
Grand	Голям
Herbivore	Тревопасен
Mammouth	Мамут
Omnivore	Всеядни
Proie	Плячка
Puissant	Мощен
Queue	Опашка
Reptile	Влечуго
Taille	Размер
Terre	Земя
Vicieux	Порочен

Disciplines Scientifiques
Научни Дисциплини

Anatomie	Анатомия
Archéologie	Археология
Astronomie	Астрономия
Biochimie	Биохимия
Biologie	Биология
Botanique	Ботаника
Chimie	Химия
Écologie	Екология
Géologie	Геология
Immunologie	Имунология
Linguistique	Лингвистика
Mécanique	Механика
Météorologie	Метеорология
Minéralogie	Минералогия
Neurologie	Неврология
Physiologie	Физиология
Psychologie	Психология
Sociologie	Социология
Thermodynamique	Термодинамика
Zoologie	Зоология

Eau
Вода

Canal	Канал
Douche	Душ
Évaporation	Изпаряване
Fleuve	Река
Gel	Мраз
Geyser	Гейзер
Glace	Лед
Humide	Влажна
Humidité	Влага
Inondation	Наводнение
Irrigation	Напояване
Lac	Езеро
Mousson	Мусон
Neige	Сняг
Océan	Океан
Ouragan	Ураган
Pluie	Дъжд
Vagues	Вълни
Vapeur	Пара

Escalade
Катерене

Altitude	Височина
Atmosphère	Атмосфера
Blessure	Нараняване
Bottes	Ботуши
Carte	Карта
Casque	Каска
Curiosité	Любопитство
Expert	Експерт
Étroit	Тесен
Force	Сила
Formation	Обучение
Gants	Ръкавици
Grotte	Пещера
Guides	Ръководства
Physique	Физически
Randonnée	Туризъм
Stabilité	Стабилност
Terrain	Терен

Exploration
Проучване

Activité	Дейност
Animaux	Животни
Courage	Кураж
Cultures	Култури
Découverte	Откритие
Détermination	Определяне
Espace	Пространство
Excitation	Вълнение
Épuisement	Изтощение
Inconnu	Неизвестен
Langue	Език
Lointain	Далечен
Nouveau	Нов
Quête	Търсене
Sauvage	Див
Terrain	Терен
Voyage	Пътувам

Échecs
Шах

Adversaire	Противник
Blanc	Бял
Champion	Шампион
Concours	Конкурс
Diagonal	Диагонал
Intelligent	Умен
Jeu	Игра
Joueur	Играч
Noir	Черен
Passif	Пасивен
Points	Точки
Reine	Кралица
Règles	Правила
Roi	Крал
Sacrifice	Жертва
Stratégie	Стратегия
Temps	Час
Tournoi	Турнир

École #1
Училище #1

Alphabet	Азбука
Amis	Приятели
Amusement	Забавление
Bibliothèque	Библиотека
Bureau	Бюро
Chaise	Стол
Crayon	Молив
Déjeuner	Обяд
Dossiers	Папки
Enseignant	Учител
Examens	Изпити
Livres	Книги
Marqueurs	Маркери
Math	Математика
Papier	Хартия
Quiz	Викторина
Réponses	Отговори
Salle de Classe	Клас

École #2
Училище #2

Activités	Дейности
Bibliothèque	Библиотека
Bus	Автобус
Calendrier	Календар
Chaussures	Обувки
Ciseaux	Ножица
Crayon	Молив
Dictionnaire	Речник
Enseignant	Учител
Écriture	Писане
Éducation	Образование
Grammaire	Граматика
Jeux	Игри
Lecture	Четене
Littérature	Литература
Livres	Книги
Math	Математика
Ordinateur	Компютър
Papier	Хартия
Science	Наука

Écologie
Екология

Bénévoles	Доброволци
Climat	Климат
Communautés	Общности
Diversité	Разнообразие
Durable	Устойчив
Espèce	Вид
Faune	Фауна
Flore	Флора
Global	Глобален
Marais	Блато
Marin	Морски
Montagnes	Планини
Nature	Природа
Naturel	Природен
Plantes	Растения
Ressources	Ресурси
Sécheresse	Суша
Survie	Оцеляване
Variété	Сорт
Végétation	Растителност

Émotions
Емоции

Amour	Любов
Calme	Спокоен
Colère	Гняв
Ennui	Скука
Excité	Развълнуван
Gentillesse	Доброта
Joie	Радост
Paix	Мир
Peur	Страх
Reconnaissant	Благодарен
Satisfait	Доволен
Surprise	Изненада
Sympathie	Симпатия
Tendresse	Нежност
Tranquillité	Спокойствие
Tristesse	Тъга

Épices
Подправки

Aigre	Кисел
Ail	Чесън
Amer	Горчив
Anis	Анасон
Cannelle	Канела
Cardamome	Кардамон
Coriandre	Кориандър
Cumin	Кимион
Curcuma	Куркума
Curry	Къри
Fenouil	Копър
Gingembre	Джинджифил
Oignon	Лук
Paprika	Червен Пипер
Poivre	Пипер
Réglisse	Женско Биле
Safran	Шафран
Saveur	Вкус
Sel	Сол
Vanille	Ванилия

Été
Лятото

Amis	Приятели
Camping	Къмпинг
Étoiles	Звезди
Famille	Семейство
Jardin	Градина
Jeux	Игри
Joie	Радост
Livres	Книги
Mer	Море
Musique	Музика
Nourriture	Храна
Plage	Плаж
Plongée	Гмуркане
Relaxation	Релаксация
Sandales	Сандали
Voyage	Пътувам

Famille
Семейство

Ancêtre	Предшественик
Cousin	Братовчед
Enfance	Детство
Enfant	Дете
Enfants	Деца
Femme	Жена
Fille	Дъщеря
Frère	Брат
Grand-Mère	Баба
Grand-Père	Дядо
Mari	Съпруг
Maternel	Майчин
Mère	Майка
Neveu	Племенник
Nièce	Племенница
Oncle	Чичо
Paternel	Бащина
Père	Баща
Soeur	Сестра
Tante	Леля

Ferme #1
Ферма #1

Abeille	Пчела
Âne	Магаре
Bison	Бизон
Champ	Поле
Chat	Котка
Cheval	Кон
Chèvre	Коза
Chien	Куче
Clôture	Ограда
Cochon	Свиня
Corbeau	Врана
Eau	Вода
Engrais	Тор
Foin	Сено
Miel	Мед
Poulet	Пиле
Riz	Ориз
Troupeau	Стадо
Vache	Крава
Veau	Теле

Ferme #2
Ферма #2

Agneau	Агне
Agriculteur	Фермер
Animaux	Животни
Berger	Овчар
Blé	Пшеница
Canard	Патица
Fruit	Плодове
Grange	Плевня
Irrigation	Напояване
Lait	Мляко
Lama	Лама
Légume	Зеленчук
Maïs	Царевица
Mouton	Овца
Nourriture	Храна
Oies	Гъски
Orge	Ечемик
Pré	Ливада
Ruche	Кошер
Tracteur	Трактор

Fleurs
Цветя

Bouquet	Букет
Gardénia	Гардения
Hibiscus	Хибискус
Jasmin	Жасмин
Jonquille	Нарцис
Lavande	Лавандула
Lilas	Люляк
Lys	Лилия
Magnolia	Магнолия
Marguerite	Маргаритка
Orchidée	Орхидея
Pavot	Мак
Pétale	Венчелистче
Pissenlit	Глухарче
Pivoine	Божур
Rose	Роза
Tournesol	Слънчоглед
Trèfle	Детелина
Tulipe	Лале

Forêt Tropicale
Дъждовни Гори

Amphibiens	Земноводни
Botanique	Ботанически
Climat	Климат
Communauté	Общност
Diversité	Разнообразие
Espèce	Вид
Insectes	Насекоми
Jungle	Джунгла
Mammifères	Бозайници
Mousse	Мъх
Nature	Природа
Nuage	Облаци
Oiseaux	Птици
Précieux	Ценен
Préservation	Запазване
Refuge	Убежище
Respect	Уважение
Survie	Оцеляване

Formes
Форми

Arc	Дъга
Bords	Ръбове
Carré	Квадрат
Cercle	Кръг
Coin	Ъгъл
Courbe	Крива
Cône	Конус
Côté	Страна
Cube	Куб
Cylindre	Цилиндър
Ellipse	Елипса
Hyperbole	Хипербола
Ligne	Линия
Ovale	Овал
Polygone	Полигон
Prisme	Призма
Pyramide	Пирамида
Rectangle	Правоъгълник
Sphère	Сфера
Triangle	Триъгълник

Fournitures d'Art
Арт Консумативи

Acrylique	Акрилен
Aquarelles	Акварели
Argile	Глина
Brosses	Четки
Caméra	Камера
Chaise	Стол
Chevalet	Статив
Colle	Лепило
Couleurs	Цветове
Crayons	Моливи
Créativité	Творчество
Eau	Вода
Encre	Мастило
Gomme	Гумичка
Huile	Масло
Idées	Идеи
Papier	Хартия
Pastels	Пастели
Peinture	Бои
Table	Маса

Fruit
Плодове

Abricot	Кайсия
Ananas	Ананас
Avocat	Авокадо
Baie	Бери
Banane	Банан
Cerise	Череша
Citron	Лимон
Figue	Смокиня
Framboise	Малина
Goyave	Гуава
Kiwi	Киви
Mangue	Манго
Melon	Пъпеш
Nectarine	Нектарин
Orange	Оранжев
Papaye	Папая
Pêche	Праскова
Poire	Круша
Pomme	Ябълка
Raisin	Грозде

Géographie
География

Altitude	Височина
Atlas	Атлас
Carte	Карта
Continent	Континент
Fleuve	Река
Hémisphère	Полукълбо
Île	Остров
Latitude	Ширина
Mer	Море
Méridien	Меридиан
Monde	Свят
Montagne	Планина
Nord	Север
Océan	Океан
Ouest	Запад
Pays	Страна
Région	Регион
Sud	Юг
Territoire	Територия
Ville	Град

Géologie
Геология

Acide	Киселина
Calcium	Калций
Caverne	Пещера
Continent	Континент
Corail	Корал
Couche	Слой
Cristaux	Кристали
Érosion	Ерозия
Fondu	Разтопен
Fossile	Минерал
Geyser	Гейзер
Lave	Лава
Minéraux	Минерали
Pierre	Камък
Plateau	Плато
Quartz	Кварц
Sel	Сол
Stalactite	Сталактит
Volcan	Вулкан
Zone	Зона

Herboristerie
Билбализъм

Ail	Чесън
Aromatique	Ароматен
Basilic	Босилек
Bénéfique	Полезно
Culinaire	Кулинарен
Estragon	Естрагон
Fenouil	Копър
Fleur	Цвете
Ingrédient	Съставка
Jardin	Градина
Lavande	Лавандула
Marjolaine	Риган
Menthe	Мента
Persil	Магданоз
Qualité	Качество
Romarin	Розмарин
Safran	Шафран
Saveur	Вкус
Thym	Мащерка
Vert	Зелен

Insectes
Насекоми

Abeille	Пчела
Cafard	Хлебарка
Cigale	Цикада
Coccinelle	Калинка
Fourmi	Мравка
Frelon	Стършел
Guêpe	Оса
Larve	Ларва
Libellule	Водно Конче
Mante	Богомолка
Moustique	Комар
Papillon	Пеперуда
Puce	Бълха
Puceron	Въшка
Sauterelle	Скакалец
Scarabée	Бръмбар
Termite	Термит
Ver	Червей

Instruments de Musique
Музикални Инструменти

Banjo	Банджо
Basson	Фагот
Clarinette	Кларинет
Flûte	Флейта
Gong	Гонг
Guitare	Китара
Harmonica	Хармоника
Harpe	Арфа
Hautbois	Обой
Mandoline	Мандолина
Marimba	Маримба
Percussion	Ударни
Piano	Пиано
Saxophone	Саксофон
Tambour	Барабан
Tambourin	Дайре
Trombone	Тромбон
Trompette	Тромпет
Violon	Цигулка
Violoncelle	Виолончело

Jardin
Градина

Arbre	Дърво
Banc	Пейка
Buisson	Храст
Clôture	Ограда
Étang	Езерце
Fleur	Цвете
Garage	Гараж
Hamac	Хамак
Herbe	Трева
Jardin	Градина
Mauvaises Herbes	Плевели
Pelle	Лопата
Porche	Веранда
Râteau	Рака
Roches	Скали
Sol	Почва
Terrasse	Тераса
Trampoline	Батут
Tuyau	Маркуч
Vigne	Лоза

Jouets
Играчки

Argile	Глина
Artisanat	Занаяти
Avion	Самолет
Balle	Топка
Bateau	Лодка
Camion	Камион
Cerf-Volant	Хвърчило
Échecs	Шах
Favori	Любим
Imagination	Въображение
Jeux	Игри
Livres	Книги
Peinture	Бои
Poupée	Кукла
Robot	Робот
Tambours	Барабани
Train	Влак
Vélo	Велосипед
Voiture	Кола

Jours et Mois
Дни и Месеци

Août	Август
Avril	Април
Calendrier	Календар
Dimanche	Неделя
Février	Февруари
Janvier	Януари
Jeudi	Четвъртък
Juillet	Юли
Juin	Юни
Lundi	Понеделник
Mardi	Вторник
Mars	Март
Mercredi	Сряда
Mois	Месец
Novembre	Ноември
Octobre	Октомври
Samedi	Събота
Semaine	Седмица
Septembre	Септември
Vendredi	Петък

Les Abeilles
Пчелите

Ailes	Крила
Bénéfique	Полезно
Cire	Восък
Diversité	Разнообразие
Essaim	Рояк
Écosystème	Екосистема
Fleurs	Цветя
Fruit	Плодове
Fumée	Дим
Insecte	Насекомо
Jardin	Градина
Miel	Мед
Nourriture	Храна
Plantes	Растения
Pollen	Прашец
Pollinisateur	Опрашител
Reine	Кралица
Ruche	Кошер
Soleil	Слънце

Légumes
Зеленчуци

Ail	Чесън
Artichaut	Артишок
Aubergine	Патладжан
Brocoli	Броколи
Carotte	Морков
Céleri	Целина
Champignon	Гъба
Citrouille	Тиква
Concombre	Краставица
Échalote	Шалот
Épinard	Спанак
Gingembre	Джинджифил
Navet	Ряпа
Oignon	Лук
Olive	Маслина
Persil	Магданоз
Pois	Грах
Radis	Репичка
Salade	Салата
Tomate	Домат

Littérature
Литература

Analogie	Аналогия
Analyse	Анализ
Anecdote	Анекдот
Auteur	Автор
Biographie	Биография
Comparaison	Сравнение
Conclusion	Заключение
Description	Описание
Dialogue	Диалог
Fiction	Измислица
Métaphore	Метафора
Narrateur	Разказвач
Poème	Стихотворение
Poétique	Поетичен
Rime	Рима
Roman	Роман
Rythme	Ритъм
Style	Стил
Thème	Тема
Tragédie	Трагедия

Livres
Книги

Auteur	Автор
Aventure	Приключение
Collection	Колекция
Contexte	Контекст
Dualité	Двойственост
Épique	Епичен
Histoire	История
Historique	Исторически
Humoristique	Хумористичен
Inventif	Изобретателен
Lecteur	Читател
Littéraire	Литература
Narrateur	Разказвач
Page	Страница
Pertinent	Уместен
Poème	Стихотворение
Poésie	Поезия
Roman	Роман
Série	Серия
Tragique	Трагичен

Maison
Къща

Balai	Метла
Bibliothèque	Библиотека
Chambre	Стая
Cheminée	Камина
Clés	Ключове
Clôture	Ограда
Cuisine	Кухня
Douche	Душ
Fenêtre	Прозорец
Garage	Гараж
Jardin	Градина
Lampe	Лампа
Miroir	Огледало
Mur	Стена
Plafond	Таван
Porte	Врата
Rideaux	Пердета
Sous-Sol	Мазе
Tapis	Килим
Toit	Покрив

Mammifères
Бозайници

Baleine	Кит
Chat	Котка
Cheval	Кон
Chien	Куче
Coyote	Койот
Dauphin	Делфин
Éléphant	Слон
Girafe	Жираф
Gorille	Горила
Kangourou	Кенгуру
Lapin	Заек
Lion	Лъв
Loup	Вълк
Mouton	Овца
Ours	Мечка
Renard	Лисица
Singe	Маймуна
Taureau	Бик
Tigre	Тигър
Zèbre	Зебра

Mathématiques
Математически

Angles	Ъгли
Arithmétique	Аритметика
Carré	Квадрат
Circonférence	Обиколка
Décimal	Десетичен
Diamètre	Диаметър
Exposant	Степен
Équation	Уравнение
Fraction	Фракция
Géométrie	Геометрия
Parallèle	Прилика
Périmètre	Периметър
Polygone	Полигон
Rayon	Радиус
Rectangle	Правоъгълник
Somme	Сума
Sphère	Сфера
Symétrie	Симетрия
Triangle	Триъгълник

Mesures
Измервания

Centimètre	Сантиметър
Degré	Градус
Décimal	Десетичен
Gramme	Грам
Hauteur	Височина
Kilogramme	Килограм
Kilomètre	Километър
Largeur	Ширина
Litre	Литър
Longueur	Дължина
Masse	Маса
Mètre	Метър
Minute	Минута
Octet	Байт
Once	Унция
Poids	Тегло
Pouce	Инч
Profondeur	Дълбочина
Tonne	Тон

Meubles
Мебели

Armoire	Шкаф
Banc	Пейка
Bureau	Бюро
Canapé	Диван
Chaise	Стол
Commode	Скрин
Coussins	Възглавници
Étagères	Рафтове
Futon	Футон
Hamac	Хамак
Lampe	Лампа
Lit	Легло
Matelas	Матрак
Miroir	Огледало
Oreiller	Възглавница
Rideaux	Пердета
Tapis	Килим

Méditation
Медитация

Acceptation	Приемане
Attention	Внимание
Calme	Спокоен
Clarté	Яснота
Compassion	Състрадание
Émotions	Емоции
Éveillé	Буден
Gentillesse	Доброта
Gratitude	Благодарност
Habitudes	Навици
Mental	Умствен
Mouvement	Движение
Musique	Музика
Nature	Природа
Observation	Наблюдение
Paix	Мир
Perspective	Перспектива
Posture	Поза
Respiration	Дишане
Silence	Тишина

Météo
Времето

Arc-En-Ciel	Дъга
Atmosphère	Атмосфера
Brouillard	Мъгла
Calme	Спокоен
Ciel	Небе
Climat	Климат
Glace	Лед
Inondation	Наводнение
Mousson	Мусон
Nuage	Облак
Ouragan	Ураган
Polaire	Полярни
Sec	Сух
Sécheresse	Суша
Température	Температура
Tempête	Буря
Tonnerre	Гръм
Tornade	Торнадо
Tropical	Тропически
Vent	Вятър

Mythologie
Митология

Archétype	Архетип
Catastrophe	Бедствие
Comportement	Поведение
Création	Създаване
Créature	Създание
Croyances	Вярвания
Culture	Култура
Éclair	Мълния
Force	Сила
Guerrier	Воин
Héros	Герой
Immortalité	Безсмъртие
Jalousie	Ревност
Labyrinthe	Лабиринт
Légende	Легенда
Magique	Магически
Monstre	Чудовище
Mortel	Смъртен
Tonnerre	Гръм
Vengeance	Отмъщение

Nature
Природата

Abeilles	Пчели
Abri	Подслон
Animaux	Животни
Arctique	Арктика
Beauté	Красота
Brouillard	Мъгла
Désert	Пустиня
Dynamique	Динамичен
Érosion	Ерозия
Feuillage	Лист
Fleuve	Река
Forêt	Гора
Glacier	Ледник
Montagnes	Планини
Nuage	Облаци
Paisible	Мирен
Sanctuaire	Светилище
Sauvage	Див
Tropical	Тропически
Vital	Жизненоважни

Nombres
Числа

Cinq	Пет
Deux	Две
Décimal	Десетичен
Dix	Десет
Dix-Huit	Осемнадесет
Dix-Neuf	Деветнадесет
Dix-Sept	Седемнадесет
Douze	Дванадесет
Huit	Осем
Neuf	Девет
Quatorze	Четиринадесет
Quatre	Четири
Quinze	Петнадесет
Seize	Шестнадесет
Sept	Седем
Six	Шест
Treize	Тринадесет
Trois	Три
Vingt	Двадесет
Zéro	Нула

Nourriture #1
Храна #1

Ail	Чесън
Basilic	Босилек
Café	Кафе
Cannelle	Канела
Carotte	Морков
Citron	Лимон
Épinard	Спанак
Fraise	Ягода
Jus	Сок
Lait	Мляко
Navet	Ряпа
Oignon	Лук
Orge	Ечемик
Poire	Круша
Salade	Салата
Sel	Сол
Soupe	Супа
Sucre	Захар
Thon	Тон
Viande	Месо

Nourriture #2
Храна #2

Amande	Бадем
Aubergine	Патладжан
Banane	Банан
Blé	Пшеница
Brocoli	Броколи
Cerise	Череша
Céleri	Целина
Champignon	Гъба
Chocolat	Шоколад
Jambon	Шунка
Kiwi	Киви
Mangue	Манго
Oeuf	Яйце
Pain	Хляб
Poisson	Риба
Pomme	Ябълка
Poulet	Пиле
Raisin	Грозде
Riz	Ориз
Tomate	Домат

Nutrition
Хранене

Amer	Горчив
Appétit	Апетит
Calories	Калории
Comestible	Ядни
Diète	Диета
Digestion	Храносмилане
Épices	Подправки
Équilibré	Балансиран
Fermentation	Ферментация
Glucides	Въглехидрати
Liquides	Течности
Poids	Тегло
Protéines	Протеини
Qualité	Качество
Sain	Здрав
Santé	Здраве
Sauce	Сос
Saveur	Вкус
Toxine	Токсин
Vitamine	Витамин

Océan
Океан

Algue	Водорасли
Anguille	Змиорка
Baleine	Кит
Bateau	Лодка
Corail	Корал
Crabe	Рак
Crevette	Скариди
Dauphin	Делфин
Éponge	Гъба
Huître	Стрида
Méduse	Медуза
Poisson	Риба
Poulpe	Октопод
Requin	Акула
Récif	Риф
Sel	Сол
Tempête	Буря
Thon	Тон
Tortue	Костенурка
Vagues	Вълни

Oiseaux
Птици

Aigle	Орел
Autruche	Щраус
Canard	Патица
Cigogne	Щъркел
Colombe	Гълъб
Corbeau	Гарван
Coucou	Кукувица
Cygne	Лебед
Flamant	Фламинго
Héron	Чапла
Manchot	Пингвин
Moineau	Врабче
Mouette	Чайка
Oeuf	Яйце
Oie	Гъска
Paon	Паун
Perroquet	Папагал
Pélican	Пеликан
Poulet	Пиле
Toucan	Тукан

Pays #2
Страни #2

Albanie	Албания
Chine	Китай
Danemark	Дания
France	Франция
Haïti	Хаити
Indonésie	Индонезия
Irlande	Ирландия
Jamaïque	Ямайка
Japon	Япония
Kenya	Кения
Laos	Лаос
Liban	Ливан
Mexique	Мексико
Ouganda	Уганда
Pakistan	Пакистан
Russie	Русия
Somalie	Сомалия
Soudan	Судан
Syrie	Сирия
Ukraine	Украйна

Paysages
Пейзажи

Cascade	Водопад
Colline	Хълм
Désert	Пустиня
Estuaire	Устието
Fleuve	Река
Geyser	Гейзер
Glacier	Ледник
Grotte	Пещера
Iceberg	Айсберг
Île	Остров
Lac	Езеро
Marais	Блато
Mer	Море
Montagne	Планина
Oasis	Оазис
Péninsule	Полуостров
Plage	Плаж
Toundra	Тундра
Vallée	Долина
Volcan	Вулкан

Pêche
Риболов

Appât	Стръв
Bateau	Лодка
Branchies	Хриле
Crochet	Кука
Cuire	Готвя
Eau	Вода
Exagération	Преувеличение
Équipement	Оборудване
Fleuve	Река
Lac	Езеро
Mâchoire	Челюст
Océan	Океан
Panier	Кошница
Patience	Търпение
Plage	Плаж
Poids	Тегло
Saison	Сезон

Pirates
Пирати

Ancre	Котва
Aventure	Приключение
Capitaine	Капитан
Carte	Карта
Cicatrice	Белег
Danger	Опасност
Drapeau	Флаг
Épée	Меч
Équipage	Екипаж
Grotte	Пещера
Île	Остров
Légende	Легенда
Mauvais	Лош
Océan	Океан
Or	Злато
Perroquet	Папагал
Pièces	Монети
Plage	Плаж
Rhum	Ром
Trésor	Съкровище

Plage
Плаж

Bateau	Лодка
Bleu	Син
Coquilles	Черупки
Côte	Крайбрежие
Crabe	Рак
Dock	Док
Île	Остров
Lagune	Лагуна
Mer	Море
Océan	Океан
Parapluie	Чадър
Récif	Риф
Sable	Пясък
Sandales	Сандали
Serviette	Кърпа
Soleil	Слънце
Voilier	Платноходка

Plantes
Растения

Arbre	Дърво
Baie	Бери
Bambou	Бамбук
Botanique	Ботаника
Buisson	Храст
Cactus	Кактус
Engrais	Тор
Feuillage	Лист
Fleur	Цвете
Flore	Флора
Forêt	Гора
Grandir	Раста
Haricot	Боб
Herbe	Билка
Jardin	Градина
Lierre	Бръшлян
Mousse	Мъх
Pétale	Венчелистче
Racine	Корен
Végétation	Растителност

Professions #1
Професии #1

Ambassadeur	Посланик
Artiste	Художник
Astronome	Астроном
Avocat	Адвокат
Banquier	Банкер
Bijoutier	Бижутер
Cartographe	Картограф
Chasseur	Ловец
Danseur	Танцьорка
Entraîneur	Треньор
Éditeur	Редактор
Géologue	Геолог
Médecin	Лекар
Musicien	Музикант
Pianiste	Пианист
Plombier	Водопроводчик
Pompier	Пожарникар
Psychologue	Психолог
Scientifique	Учен
Vétérinaire	Ветеринар

Professions #2
Професии #2

Astronaute	Астронавт
Bibliothécaire	Библиотекар
Biologiste	Биолог
Chercheur	Изследовател
Chirurgien	Хирург
Dentiste	Зъболекар
Détective	Детектив
Enseignant	Учител
Illustrateur	Илюстратор
Ingénieur	Инженер
Inventeur	Изобретател
Jardinier	Градинар
Journaliste	Журналист
Linguiste	Лингвист
Médecin	Лекар
Peintre	Художник
Philosophe	Философ
Photographe	Фотограф
Pilote	Пилот
Zoologiste	Зоолог

Randonnée
Туризъм

Animaux	Животни
Bottes	Ботуши
Camping	Къмпинг
Carte	Карта
Climat	Климат
Eau	Вода
Falaise	Скала
Fatigué	Уморен
Guides	Ръководства
Lourd	Тежък
Météo	Време
Montagne	Планина
Nature	Природа
Orientation	Ориентация
Parcs	Паркове
Pierres	Камъни
Préparation	Подготовка
Sauvage	Див
Soleil	Слънце
Sommet	Връх

Remplir
Запълване

Baignoire	Вана
Baril	Цев
Bassin	Басейн
Boîte	Кутия
Bouteille	Шише
Caisse	Щайга
Dossier	Папка
Enveloppe	Плик
Navire	Кораб
Panier	Кошница
Paquet	Пакет
Plateau	Тава
Poche	Джоб
Pot	Буркан
Sac	Чанта
Seau	Кофа
Tiroir	Чекмедже
Tube	Тръба
Valise	Куфар
Vase	Ваза

Restaurant #1
Ресторант #1

Allergie	Алергия
Bol	Купа
Café	Кафе
Caissier	Касиер
Couteau	Нож
Cuisine	Кухня
Dessert	Десерт
Épicé	Пикантни
Ingrédients	Съставки
Menu	Меню
Nourriture	Храна
Pain	Хляб
Poulet	Пиле
Réservation	Резервация
Sauce	Сос
Serveuse	Сервитьорка
Serviette	Салфетка
Viande	Месо

Restaurant #2
Ресторант #2

Boisson	Напитка
Chaise	Стол
Cuillère	Лъжица
Déjeuner	Обяд
Délicieux	Вкусен
Dîner	Вечеря
Eau	Вода
Épices	Подправки
Fourchette	Вилица
Fruit	Плодове
Gâteau	Торта
Glace	Лед
Légumes	Зеленчуци
Nouilles	Юфка
Oeuf	Яйца
Poisson	Риба
Salade	Салата
Sel	Сол
Serveur	Сервитьор
Soupe	Супа

Salle de Bains
Баня

Bain	Баня
Bulles	Мехурчета
Ciseaux	Ножица
Douche	Душ
Eau	Вода
Éponge	Гъба
Évier	Мивка
Lotion	Лосион
Miroir	Огледало
Parfum	Парфюм
Robinet	Кран
Savon	Сапун
Serviette	Кърпа
Shampooing	Шампоан
Tapis	Килим
Toilette	Тоалетна
Vapeur	Пара

Science
Наука

Atome	Атом
Chimique	Химически
Climat	Климат
Données	Данни
Expérience	Експеримент
Évolution	Еволюция
Fait	Факт
Fossile	Минерал
Gravité	Гравитация
Hypothèse	Хипотеза
Laboratoire	Лаборатория
Méthode	Метод
Minéraux	Минерали
Molécules	Молекули
Nature	Природа
Observation	Наблюдение
Organisme	Организъм
Particules	Частици
Physique	Физика
Scientifique	Учен

Science-Fiction
Научна Фантастика

Atomique	Атомен
Cinéma	Кино
Dystopie	Дистопия
Explosion	Експлозия
Extrême	Екстремни
Fantastique	Фантастично
Feu	Огън
Futuriste	Футуристичен
Galaxie	Галактика
Illusion	Илюзия
Imaginaire	Въображаем
Livres	Книги
Monde	Свят
Mystérieux	Мистериозен
Oracle	Оракул
Planète	Планета
Robots	Роботи
Scénario	Сценарий
Technologie	Технология
Utopie	Утопия

Sports
Спортни

Arbitre	Рефер
Athlète	Спортист
Base-Ball	Бейзбол
Basket-Ball	Баскетбол
Championnat	Шампионат
Entraîneur	Треньор
Équipe	Отбор
Gagnant	Победител
Golf	Голф
Gymnase	Гимназия
Gymnastique	Гимнастика
Hockey	Хокей
Jeu	Игра
Joueur	Играч
Mouvement	Движение
Stade	Стадион
Tennis	Тенис
Vélo	Велосипед

Surf
Сърфинг

Amusement	Забавление
Athlète	Спортист
Champion	Шампион
Débutant	Начинаещ
Estomac	Стомах
Extrême	Екстремни
Force	Сила
Foules	Тълпи
Météo	Време
Mousse	Пяна
Océan	Океан
Pagaie	Гребло
Plage	Плаж
Populaire	Популярен
Récif	Риф
Style	Стил
Vague	Вълна
Vitesse	Скорост

Technologie
Технологии

Affichage	Дисплей
Blog	Блог
Caméra	Камера
Curseur	Курсор
Données	Данни
Écran	Екран
Fichier	Файл
Internet	Интернет
Logiciel	Софтуер
Message	Съобщение
Navigateur	Браузър
Numérique	Цифров
Octets	Байтове
Ordinateur	Компютър
Police	Шрифт
Recherche	Изследване
Sécurité	Сигурност
Statistiques	Статистика
Virtuel	Виртуален
Virus	Вирус

Temps
Време

Année	Година
Annuel	Годишен
Après	След
Avant	Преди
Bientôt	Скоро
Calendrier	Календар
Décennie	Десетилетие
Futur	Бъдеще
Heure	Час
Hier	Вчера
Horloge	Часовник
Jour	Ден
Maintenant	Сега
Matin	Сутрин
Midi	Обяд
Minute	Минута
Mois	Месец
Nuit	Нощ
Semaine	Седмица
Siècle	Век

Théâtre
Театър

Acteur	Актьор
Actrice	Актриса
Charisme	Харизма
Charmant	Очарователен
Comédie	Комедия
Costumes	Костюми
Critique	Критика
Drame	Драма
Émotion	Емоция
Interprète	Изпълнител
Musical	Музикален
Orchestre	Оркестър
Prix	Награди
Public	Публика
Talent	Талант
Tragédie	Трагедия

Types de Cheveux
Видове Коса

Blanc	Бял
Blond	Руса
Boucles	Къдрици
Brillant	Лъскав
Chauve	Плешив
Court	Къс
Doux	Мек
Épais	Дебел
Frisé	Къдрав
Gris	Сив
Lisse	Гладка
Long	Дълго
Marron	Кафяв
Mince	Тънък
Noir	Черен
Ondulé	Вълнообразни
Sain	Здрав
Sec	Сух
Tresses	Плитки
Tressé	Сплетен

Vacances #2
Почивка #2

Aéroport	Летище
Camping	Къмпинг
Carte	Карта
Destination	Дестинация
Étranger	Чужденец
Hôtel	Хотел
Île	Остров
Mer	Море
Passeport	Паспорт
Photos	Снимки
Plage	Плаж
Restaurant	Ресторант
Réservations	Резервации
Taxi	Такси
Tente	Палатка
Train	Влак
Transport	Транспорт
Vacances	Празник
Visa	Виза
Voyage	Пътуване

Véhicules
Превозни Средства

Ambulance	Линейка
Avion	Самолет
Bateau	Лодка
Bus	Автобус
Camion	Камион
Caravane	Каравана
Ferry	Ферибот
Fusée	Ракета
Hélicoptère	Хеликоптер
Métro	Метро
Moteur	Двигател
Navette	Совалка
Pneus	Гуми
Radeau	Сал
Scooter	Скутер
Sous-Marin	Подводница
Taxi	Такси
Tracteur	Трактор
Vélo	Велосипед
Voiture	Кола

Vêtements
Дрехи

Bracelet	Гривна
Ceinture	Колан
Chapeau	Шапка
Chaussure	Обувка
Chemise	Риза
Chemisier	Блуза
Collier	Колие
Foulard	Шал
Gants	Ръкавици
Jeans	Дънки
Jupe	Пола
Manteau	Палто
Mode	Мода
Pantalon	Панталони
Pull	Пуловер
Pyjama	Пижама
Robe	Рокля
Sandales	Сандали
Tablier	Престилка
Veste	Яке

Ville
Град

Aéroport	Летище
Banque	Банка
Bibliothèque	Библиотека
Boulangerie	Фурна
Cinéma	Кино
Clinique	Клиника
École	Училище
Fleuriste	Цветар
Galerie	Галерия
Hôtel	Хотел
Librairie	Книжарница
Marché	Пазар
Musée	Музей
Pharmacie	Аптека
Restaurant	Ресторант
Stade	Стадион
Supermarché	Супермаркет
Théâtre	Театър
Université	Университет
Zoo	Зоопарк

Félicitations

Vous avez réussi !

Nous espérons que vous avez apprécié ce livre autant que nous avons pris plaisir à le concevoir. Nous faisons de notre mieux pour créer des livres de la meilleure qualité possible.
Cette édition est conçue pour permettre un apprentissage intelligent et de qualité en se divertissant !

Vous avez aimé ce livre ?

Une Simple Demande

Nos livres existent grâce aux avis que vous publiez. Pourriez-vous nous aider en laissant un avis maintenant ?

Voici un lien rapide qui vous mènera à votre
page d'évaluation de vos commandes :

BestBooksActivity.com/Avis50

CHALLENGE FINAL !

Défi n°1

Êtes-vous prêt pour votre jeu bonus ? Nous les utilisons tout le temps mais ils ne sont pas si faciles à trouver. Voici les **Synonymes** !

Notez 5 mots que vous avez trouvés dans les puzzles notés ci-dessous (n°21, n°36, n°76) et essayez de trouver 2 synonymes pour chaque mot.

Notez 5 Mots du *Puzzle 21*

Mots	Synonyme 1	Synonyme 2

Notez 5 Mots du *Puzzle 36*

Mots	Synonyme 1	Synonyme 2

Notez 5 Mots du *Puzzle 76*

Mots	Synonyme 1	Synonyme 2

Défi n°2

Maintenant que vous vous êtes échauffé, notez 5 mots que vous avez découverts dans les Puzzles n° 9, n° 17, n° 25 et essayez de trouver 2 antonymes pour chaque mot. Combien pouvez-vous en trouver en 20 minutes ?

Notez 5 Mots du **Puzzle 9**

Mots	Antonyme 1	Antonyme 2

Notez 5 Mots du **Puzzle 17**

Mots	Antonyme 1	Antonyme 2

Notez 5 Mots du **Puzzle 25**

Mots	Antonyme 1	Antonyme 2

Défi n°3

Formidable ! Ce défi final n'est rien pour vous.

Prêt pour le dernier défi ? Choisissez 10 mots que vous avez découverts parmi les différents puzzles et notez-les ci-dessous.

1.	6.
2.	7.
3.	8.
4.	9.
5.	10.

Maintenant, composez un texte en pensant à une personne, un animal ou un lieu que vous aimez !

Astuce: Vous pouvez utiliser la dernière page de ce livre comme brouillon !

Votre Composition :

CARNET DE NOTES :

À TRÈS BIENTÔT !

Toute l'équipe

DECOUVREZ DES JEUX GRATUITS

GO

↓

BESTACTIVITYBOOKS.COM/FREEGAMES

www.ingramcontent.com/pod-product-compliance
Lightning Source LLC
Chambersburg PA
CBHW082203120626
46553CB00010B/2991